Chaos als System

Brüne Schloen

Chaos als System

Herausforderung Kulturkämpfe, Demokratiekrisen und globale Umbrüche

Springer

Brüne Schloen
Wilstedt, Deutschland

ISBN 978-3-658-50869-2 ISBN 978-3-658-50870-8 (eBook)
https://doi.org/10.1007/978-3-658-50870-8

Die Deutsche Nationalbibliothek verzeichnet diese Publikation in der Deutschen Nationalbibliografie; detaillierte bibliografische Daten sind im Internet über https://portal.dnb.de abrufbar.

Planung/Lektorat: Carina Zimmermann
Springer ist ein Imprint der eingetragenen Gesellschaft Springer Fachmedien Wiesbaden GmbH und ist ein Teil von Springer Nature.
Die Anschrift der Gesellschaft ist: Abraham-Lincoln-Str. 46, 65189 Wiesbaden, Germany

Einleitung und Vorwort

Die Demokratie steht zur Disposition. Nicht abstrakt, sondern real vor unseren Augen sich vollziehend. Seit Trumps zweiter Präsidentschaftswahl arbeitet eine unheilige Allianz von Tech-Oligarchen, autoritären Politikern und ideologischen Strippenziehern offen daran, demokratische Strukturen weltweit zu demontieren. Sie nennen sich zum Teil selbst **„Dark Enlightenment"** – eine Bewegung, die Demokratien für gescheitert erklärt und durch technokratische Elitenherrschaft ersetzen will.

Donald Trump, sein Vize J. D. Vance und US-Tech-Milliardäre wie Elon Musk handeln für diese Bewegung nach einem präzisen Plan: dem **„Projekt 2025"**, finanziert von der reaktionären, erzkonservativen Heritage Foundation. Ihr Projekt ist nichts weniger als ein Insolvenzplan für die amerikanische Demokratie und eine Blaupause für die Zerstörung demokratischer Kulturen weltweit. Es will den globalen Klima- und Umweltschutz abschaffen, unabhängige Institutionen zerschlagen und die „Lüge über die Wahrheit" (Klaus Kleber) zum Regierungsprinzip erheben.

Die hinter all diesem Geschehen liegende Strategie offenbart sich bei genauerem Hinsehen wie ein Chaos als System. Dieses System wird in den USA aktuell mit einer Flut massiver Zerstörungsaktionen exekutiert. Das geschieht mit sogenannten Executive Orders im Dutzend, täglichen Skandalen, widersprüchlichen Ankündigungen, personellen Umwälzungen – eine Situation der permanenten Überforderung nahezu aller noch zur Kritik bereiten Bürger. Medien und Öffentlichkeit hetzen Letztere von einer Empörung zur nächsten, analysieren einzelne Provokationen, verlieren sich in Detaildebatten. Nur ist diese so verwirrende Unübersichtlichkeit kein Zufall, sondern **Teil eines dunklen Systems.** Während alle auf die spektakulären Einzelaktionen Trumps starren – auf Zölle, Tweets, bizarre Personalentscheidungen –, vollzieht sich im Hintergrund ein systemischer Umbau: die Entmachtung unabhängiger Institutionen, die Besetzung von Schlüsselpositionen mit Loyalisten, die Demontage rechtsstaatlicher Kontrollen. Die medialen Einzelanalysen vernebeln dabei den Blick auf das wirklich Wichtige: **die planmäßige Zerstörung von Demokratie und Menschenwürde.** Wer die einzelnen Bäume betrachtet, erkennt nicht, dass der gesamte Wald gerodet wird.

Dieser Verwirrung möchte ich mit diesem Buch, soweit möglich, Einhalt gebieten. Ich verfolge dies mit einem schrittweisen Vorgehen: Zuerst analysiere ich im ersten Hauptteil ausschließlich gesellschaftspolitische und kulturelle Prozesse. Dies sind ausschließlich **die historischen Fakten** der aktuellen Chaosentwicklung. Danach widme ich mich im zweiten Teil des Buches dessen eigentlichem Kernanliegen: **nämlich den geistigen Verursachern und damit den Hintergründen der aktuellen Krise**. Welche Akteure handeln und welche eigentlichen Strategien verfolgen sie? Es geht dabei auch um die fundamentalen und insbesondere die aktuellen **Weltanschauungskämpfe der Moderne**. Erst wenn wir deren geistige Hintergründe verstehen, werden die heutigen Chaosprozesse verständlich – und lässt sich die Frage beantworten: **Kann Europa noch als Rettungsanker für solidarische Freiheit dienen?** Dazu biete ich meine Deutungen in Thesenform an, damit der Leser selbstständig bewerten kann.

Im dritten Buchteil zeige ich **konkrete Problemlösungswege** auf: Wie kann der Einzelne trotz – oder gerade wegen – des systemischen Chaos ein **„Leben in Wahrheit"** führen? Wie entwickelt man eine Haltung und innere Orientierung, wenn äußere Strukturen zusammenbrechen? Und wie handelt man verantwortlich, wenn Lügen sich nicht weiterhin zum Regierungsprinzip mendeln sollen?

Wer diese Fragen in den politikwissenschaftlichen oder medial-öffentlichen Diskurs einbringen will, stößt auf eine Leerstelle. Nicht, dass es keine spirituellen oder philosophischen Debatten gäbe – Religionssoziologie, Ethik, philosophische Anthropologie befassen sich intensiv mit Sinn-, Werte- und Transzendenzfragen. Aber in der konkreten politisch-historischen Analyse, in der Berichterstattung über Trump, Putin oder Xi Jinping, in den Talkshows und Leitartikeln, werden solche Dimensionen systematisch ausgeblendet.

Das hat nachvollziehbare Gründe: Die moderne Politikwissenschaft versteht sich als empirische Sozialwissenschaft. Spirituelle oder metaphysische Kategorien scheinen unwissenschaftlich, subjektiv, nicht operationalisierbar. Die Trennung von Politik und Religion gilt als zivilisatorische Errungenschaft – zu Recht, wenn es um institutionelle Gewaltenteilung geht. Aber diese Trennung hat einen blinden Fleck erzeugt: die Unfähigkeit, Phänomene zu beschreiben, die sich nicht in ökonomischen Interessen, machtpolitischen Kalkülen oder psychologischen Dispositionen erschöpfen. Fragen nach dem **Sinn**, nach **Zugehörigkeit,** nach **Transzendenz** – Fragen, die Religionen und Philosophien seit Jahrtausenden stellen – werden aus der politischen Analyse ausgeklammert. Diese Sichtverengung hat zu bedenklichen Fehleinschätzungen geführt: Wir verstehen nicht, warum Menschen gegen ihre eigenen Interessen wählen, wenn wir nicht verstehen, welche tieferen geistigen Antriebe, aber auch Verführungskräfte sie dabei leiten. Der Mensch wird der Gesellschaft immer wieder als rationales, nutzenmaximierendes Wesen aufoktroyiert, dessen Verhalten sich durch Daten berechnen und durch Anreize steuern lässt. Fragen nach Sinn, Transzendenz und Wirtschaftsethos werden gar nicht gestellt.

Diese Haltung befeuerte als einer ihrer intellektuellen Ahnherren Friedrich August von Hayek. Der österreichische Ökonom und Philosoph (1899–1992) gilt als Spiritus Rector des Neoliberalismus – und damit auch des „Dark Enlightenment", weil Hayeks Kernthesen dessen ideologisches Fundament bilden: **Märkte** sind sowohl für die MAGA als auch die „Dark-Enlightenment"-Bewegung jeder Ordnungspolitik und gesellschaftlichen Gestaltung überlegen**. Soziale Gerechtigkeit** sei eine „Fata Morgana", ein gefährlicher Irrtum, weil Marktergebnisse weder gerecht noch ungerecht seien – sie seien einfach effizient.

Um zu verstehen, wie die „Dark-Enlightenment"-Bewegung so mächtig werden konnte, müssen wir postmoderne Geschichte aus der Vogelperspektive betrachten lernen. Denn was wir heute erleben – die Demokratiezerstörung, das Chaos als System, Hayeks Marktfundamentalismus in Reinform –, ist nicht neu. Es ist die **jüngste Welle eines jahrhundertealten Kulturkampfes** um die Vermächtnisse der Großen Französischen Revolution zwischen lichten und finsteren Geistesmächten.

Wie sehr die zuletzt genannten finsteren Mächte die Oberhand zu gewinnen scheinen, das versuche ich gleich im ersten Kapitel am Beispiel Deutschlands anzudeuten. Dort ist nämlich wie in anderen Demokratien auch eine **politisch-kulturelle „Verzwergung"** – ein Scheitern an Klimakrise, eine demokratische Erosion und voranschreitende soziale Spaltung festzustellen. Diese faktenbasierte Analyse der letzten fünf Jahre dient jedoch nur dem konkreten Problemeinstieg. Am Ende des zweiten Buchteils greife ich in einem großen Bogen darauf zurück – dann aber mit Verständnis für die geistigen Kräfte, die hier wirken.

Ab dem zweiten Kapitel weite ich den Faktenblick: So folgt ein **globaler Überblick über die letzten zwei Jahrhunderte**, der zeigt, dass der heutige Angriff auf die Demokratie eine Vorgeschichte hat. Den roten Faden bilden die **drei Universalien der Französischen Revolution: Freiheit, Gleichheit, Brüderlichkeit,** also die geniale Losung, welche von lichten Mächten für die weitere Menschheitsentwicklung inspiriert wurden. Dies sind aber bezeichnenderweise genau die Ziele, die das „Dark Enlightenment" heute so offen verhöhnt. Thiel, Yarvin und Musk kämpfen nämlich ganz offen gegen diese Ideale: gegen Gleichheit und für die Herrschaft einer Tech-Elite, gegen Brüderlichkeit und für Sozialdarwinismus, gegen demokratische Freiheit und für CEO-Diktatur. Seit 1789 wurde bereits für diese Ideale gekämpft, sie wurden zurückgedrängt in Wellen von Aufklärung und Gegenaufklärung. Deutschland spielt dabei eine tragische Schlüsselrolle: Das **Scheitern der deutschen Revolution 1918/19** – einschließlich der Betriebsräte- und Dreigliederungsbewegung – läutete die erste große Heimsuchung durch sehr finstere Geistesmächte ein. Was durch diese ab 1933 folgte, war die Auslöschung mitteleuropäischer Kulturimpulse.

Im dritten Kapitel wende ich mich für den Zeitraum **nach Deutschlands Niederwerfung 1945 den USA** zu – aus gutem Grund: Denn auf den physischen und mentalen

Trümmern mitteleuropäischer Kulturzentren versuchten selbige ja, eine neue Weltordnung zu errichten, eine „**Pax Americana**“ nach dem Vorbild der antiken „Pax Romana“. Und sie begründeten diese Ordnung – zumindest formell – auch mit den Idealen der Großen Französischen Revolution: Für **Freiheit, Gleichheit, Brüderlichkeit** wurde 1948 sogar auf amerikanische Initiative seitens der Uno-Vollversammlung in New York die **Allgemeine Erklärung der Menschenrechte** verkündet. Nur gehörte die Brüderlichkeit aufgrund in Amerika fest verankerter libertärer Strömungen nicht zum angestammten Gen der US-Kultur.

Dementsprechend prägten Amerikas Demokratieexporte **eher Bestrebungen nach Etablierung kapitalistisch-wirtschaftlicher Dominanz denn ideale Motive.** Und genau hier liegt der Ursprung der heutigen Kulturprobleme – denn die Tech-Oligarchen des „Dark Enlightenment“ sind **radikale Vollstrecker** solcher US-amerikanischer Traditionslinien, die Macht immer über Prinzipien stellten. Der **Sieg im Kalten Krieg** unter Präsident Reagan hat dieses US-Konzept nochmals befeuert. Doch während die USA von naiven Historikern als „friedensstiftende Siegermacht“ bejubelt wurde, radikalisierte sich bereits ihre politische Kultur im Inneren. **Zunächst durch Zerstörung des Fairnisprinzips als tragendem Grundkonsens für ihre Demokratie. Exekutiert** durch finstere Orchestrierungen seitens eines gewissen Newt Gingrich. Dieser brach bewusst mit der Tradition, den politischen Gegner als legitimen Rivalen zu behandeln. Stattdessen definierte er nach **„Gingrich-Methode“** den politischen Rivalen als Feind, den man mit allen Mitteln bekämpfen sollte – auch mit unfairen.

Gingrich blieb nicht allein. Um ihn herum gruppierten sich seit den 1990er-Jahren **Netzwerke antidemokratischer Kräfte,** die alle dasselbe Ziel verfolgten: die Umwandlung der amerikanischen Demokratie in eine Oligarchie – Vorstufen zu jener Elitenherrschaft, die das Dark Enlightenment heute offen propagiert, nämlich Sozialdarwinismus als Lebensform, **Delegitimierung von Expertise und Menschen anfällig machen für autoritäre „Wahrheiten".** Ein in der Tat „teuflischer" Prozess.

Damit habe ich die faktisch nachweisbaren Mechanismen benannt. Doch sind damit die schon eingangs gestellten **Fragen nicht beantwortet:** Wohin führt diese Entwicklung? Haben Demokratie, Rechtsstaatlichkeit und Menschenwürde – die Universalien der Aufklärung, die ich Anfang des zweiten Kapitels behandele – überhaupt noch eine Zukunft, wenn ein „Corporate Sovereign" Wirklichkeit wird?

Dazu beginne ich ab dem zweiten Hauptabschnitt dieses Buches, Diskurstabus zu durchbrechen. Wegen dieser Tabus blieben sowohl in der wissenschaftlichen Diskussion als auch der medialen Berichterstattung über das aktuelle Chaosgeschehen Fragen nach dem Warum und durch wessen Einwirken das alles geschieht, weitestgehend ausgespart: Warum funktioniert diese Strategie überhaupt? Was macht sie so verführerisch? Warum folgen Millionen Menschen einem Programm, das objektiv gegen ihre Interessen gerichtet ist? Und vor allem: **Welche tiefere anthropologische oder gar metaphysische Struktur und Kräfte** liegen diesem „Chaos als System" zugrunde?

Um diese Ebene zu erschließen, reichen politikwissenschaftliche oder soziologische Kategorien nicht mehr aus. Wir müssen demnach tiefer gehen – in Bereiche, die Historiker, Philosophen und selbst Theologen merkwürdigerweise meiden. Wir müssen fragen: **Was ist die Natur dieser Verführung?** Und hier bietet ein über 120 Jahre alter Text verblüffende Einsichten: Wladimir Solowjows „Kurze Erzählung vom Antichrist“, veröffentlicht 1900.

Solowjow, der russische Religionsphilosoph, beschreibt darin eine faszinierende Figur: Der Antichrist erscheint nicht als offensichtlich böse Gestalt. Im Gegenteil – er ist charismatisch, scheinbar altruistisch, ein Friedensstifter und Wohltäter der Menschheit. Seine Versprechen klingen verführerisch: universeller Frieden, unbegrenzter Wohlstand, Größe und Macht. Doch bei genauem Hinsehen erweisen sich diese Versprechen als **hohle Täuschung** – unerfüllbar, weil sie auf Lügen gebaut sind. Solowjow greift damit auf biblische Motive der Verführung zurück: Der Verführer kommt nicht mit Hörnern und Schwefel, sondern **als Erlöser**.

Solowjows literarische Figur des Antichristen beschreibt eine Struktur, die verblüffend dem ähnelt, was wir heute beobachten: jemand, der nicht durch offene Tyrannei herrscht, sondern durch Täuschung, Fragmentierung und die Simulation von Freiheit. Die Frage ist nicht, ob Trump buchstäblich „der Antichrist“ ist – solche Identifikationen waren historisch immer verfehlt. Die Frage ist: Folgt das gegenwärtige System jener Logik der Zersetzung, die Solowjow als „antichristlich“ im strukturellen Sinne beschrieben hat? Lässt sich eine Herrschaftsform denken, die nicht durch Klugheit und Menschlichkeit, sondern durch organisierte Desintegration funktioniert – und ist das, was wir erleben, nicht genau das?

Eric Voegelin entwickelte in seinen „Politischen Religionen“ (1938) eine verwandte These: Totalitäre Bewegungen seien nicht nur politische Phänomene, sondern **Ersatzreligionen** – sie versprechen weltliche Erlösung und fordern absolute Unterwerfung. Voegelin nennt dies „pneumopathologisch“: eine Krankheit des Geistes, die entsteht, wenn transzendente Sehnsüchte auf weltliche Führer projiziert werden. Hannah Arendt sprach von der

„Banalität des Bösen" – doch sie meinte damit nicht, das Böse sei harmlos, sondern: **Es tarnt sich als Normalität, als Bürokratie, als Effizienz.**

Und genau das geschieht aktuell durch die „Dark-Enlightenment"-Bewegung. Sie verkauft ihre hahnebüchenen Projektionen als „Effizienz" und Fortschritt. Trump inszeniert sich als Erlöser Amerikas. Die Tech-Oligarchen versprechen eine bessere Zukunft durch autoritäre Kontrolle seitens ihrer Tech-Oligarchen. Genau wie Solowjows Antichrist-Figur, der **Gottes Stelle für sich beansprucht, ohne Gott zu sein.** Jemand, der Frieden verspricht, aber Chaos bringt.

Auch die bekannten Politikwissenschaftler haben in ihren bisher jüngsten Analysen das **Warum solcher Prozesse** in seiner Tiefe nicht aufgezeigt. Sie haben zwar phänomenologisch beschrieben, **dass** Menschen verführt werden, nicht aber durch wen und **warum** diese Verführung so wirkmächtig geschieht. Um diese Frage zu beantworten, musste ab Kapitel vier zum Einen die Perspektive nochmals erweitert und mit zusätzlichen Erkenntnismethoden vertieft werden. Schon Kant forderte ja den Mut zur Anwendung anderer Methoden, sofern die bisher verwendeten nicht ausreichend zielführend sind. Friedrich Schlegel betonte diesbezüglich die Kraft der Intuition als eigenständigen Zugang zur Wahrheit – eine ganzheitliche Erkenntnis, die über das rein Messbare hinausweist. In der Philosophiegeschichte haben beide Dimensionen ihre Berechtigung: **Empirie und Deutung, Fakten und Sinn.**

Die Grundfrage für solcher Art Sinnanalysen lautet: Sind wir Menschen ausschließlich körperliche, biologische Wesen – oder auch und vielleicht sogar in erster Linie geistig-seelische? Lassen sich die Abgründe des Bösen, die Macht der Verführung, die Zerstörungswut, die wir beobachten, allein materialistisch erklären? Oder muss man, frei nach Schiller, weiterforschen nach seiner These: **„Es ist**

der Geist, der sich den Körper schafft“? Wenn aber der Mensch mehr ist als Materie – hat auch das Böse eine geistige Dimension?

Für weitergehende Sondierungen hierzu habe ich Gedanken Rudolf Steiners verwendet – nicht als Glaubenssystem, sondern als **philosophisches Analysewerkzeug**. Man muss kein Anthroposoph sein, um Steiners Erkenntnisse als bemerkenswert zu erachten – genauso wenig, wie man Marxist sein muss, um Marx' Kapitalismuskritik zu würdigen, oder Freudianer, um psychoanalytische Einsichten fruchtbar zu finden. **Steiner bietet eigenständige Thesen zur Charakterisierung des Bösen an**, die in der akademischen Philosophie oft ausgeblendet werden: Er unterscheidet verschiedene Qualitäten destruktiver Kräfte – solche, die verführen (luziferisch), und solche, die verhärten und materialisieren (ahrimanisch). Besonders seine Beschreibung des **Ich als geistiger Wesenskern jeder Individualität** eröffnet Anschauungsmöglichkeiten, die Solowjows Antichrist-Motiv wesentlich vertiefen können.

Diese Anschauungen sind für mich kein Dogma, sondern Erkenntnisangebote: Was wird erklärbar, wenn man die zuvor phänomenologisch analysierten Ereignisse nicht nur konventionell politisch, sondern auch **anthropologisch und metaphysisch** deutet? Was ergibt sich, wenn man fragt: Welche **Menschenbilder** stehen sich hier gegenüber? Die Aufklärung sah den Menschen ja als vernunftbegabtes, autonomes Wesen. Das „Dark Enlightenment“ sieht ihn hingegen als steuerbares, optimierbares Objekt. Steiner sieht ihn als **geistig-freies Wesen in Entwicklung.** Diese unterschiedlichen Menschenbilder führen zu fundamental verschiedenen Analyseergebnissen und Gesellschaftsentwürfen.

Man muss diese Perspektive nicht teilen, um den folgenden Überlegungen zu folgen. Aber sie sollte als **Hypothese** ernst genommen werden – als Versuch, eine Dimension zu erschließen, die unsere Zeit systematisch verdrängt hat. Denn genau diese Verdrängung könnte Teil des Problems sein: **Das Dark Enlightenment nutzt jede spirituelle Blindheit aus.** Es behauptet, nur das Materielle, Messbare, Steuerbare sei real – und macht uns damit blind für jene Dimensionen menschlicher Existenz, die sich nicht quantifizieren und kapitalisieren lassen: Würde, Freiheit, Wahrheit, Transzendenz.

Steiners Ich-Begriff erweitert Fichtes philosophische „Ich-bin"-Setzung um eine spirituelle Dimension. Johann Gottlieb Fichte, einer der Hauptvertreter des deutschen Idealismus, entwickelte um 1800 die Idee, dass das **Ich sich selbst setzt** – dass Selbstbewusstsein nicht einfach gegeben ist, sondern durch einen aktiven Akt entsteht: „Ich bin ich." Dieses Ich ist für Fichte das Fundament aller Erkenntnis und aller Freiheit – der Mensch wird zum selbstbestimmten, autonomen Subjekt.

Steiner nimmt diesen Gedanken auf, geht aber darüber hinaus: Für ihn ist das Ich nicht nur philosophisches Prinzip, sondern ein real existierender, **unsterblicher geistiger Wesenskern**, der sich über verschiedene Inkarnationen entwickelt. Man muss diesem Weltbild nicht folgen – aber es lohnt sich, es als **Interpretationsrahmen** zu berücksichtigen, der neue Perspektiven auf die hier beschriebenen historischen Entwicklungen eröffnet. Vernunftanwendung und empirische Analyse als der kantsche Weg, die spirituelle Deutung als der schlegelsche – das Zusammenspiel beider kann zeigen, was ein Durchschauen des aktuellen Systemchaos vielleicht doch möglich machen kann.

In der anthroposophischen Weltsicht spielen aber auch diejenigen geistigen Kräfte eine Rolle, die menschlicher Weiterentwicklung entgegenwirken. Steiner spricht diesbezüglich von „finsteren Geisteswesen" – in der christlichen Tradition sind sie als Satan oder Ahriman bekannt. Wer mit solchen Begriffen nichts anfangen kann oder will, mag sie als **Chiffren** verstehen: als Beschreibung destruktiver Tendenzen, die unsere Zeit prägen. Man könnte auch von **„entmenschlichenden Kräften“** sprechen – von Prinzipien, die systematisch das verhindern, was uns im besten Sinne menschlich macht: Empathie, Freiheit, Würde, Wahrheit, Verbundenheit.

Wir erleben diese Entmenschlichung täglich, konkret, messbar: Algorithmen, die Menschen auf ihre Klickhistorie reduzieren und sie in Echokammern einsperren. Tech-Unternehmen, die bewusst suchterzeugende Mechanismen entwickeln, weil Aufmerksamkeit Profit bedeutet – gleichgültig gegenüber den psychischen Folgen für Millionen, besonders Jugendliche. Pharmakonzerne, die lebenswichtige Medikamente künstlich verteuern und damit über Leben und Tod entscheiden – nach Marktkalkül. Systematische Desinformation, die demokratische Diskurse zersetzt und Realität selbst zur Verhandlungssache macht. Die kalte Logik, mit der Menschen an Grenzen abgewiesen, in Lagern festgehalten, ihrer Würde beraubt werden – reduziert auf „illegale“ Nummern in einer Statistik.

All das sind keine Einzelfälle, sondern Symptome eines Systems. Und genau hier wird Steiners Perspektive analytisch fruchtbar: Er unterscheidet **zwei Qualitäten des Entmenschlichenden** – zwei „Gegenprinzipien“, die unterschiedlich wirken, aber zusammenwirken. Das **luziferische Prinzip** verführt durch Größenwahn, Hybris, maßlose Selbstüberhöhung – es verspricht gottgleiche Macht, grenzenlose Freiheit ohne Verantwortung. Das **ahrimanische Prinzip** verhärtet, materialisiert, kontrolliert – es reduziert alles auf Messbarkeit, Berechenbarkeit, totale Kontrolle.

Auf die Befeuerungen dieser entmenschlichenden Wirkungen geht Steiner ausführlich intensiv ein: Das geschieht nach ihm nämlich vornehmlich dann, wenn der

Mensch aufhört, sich als geistig-seelisches Wesen zu verstehen. Dann verfällt er leicht in die Illusion, dass er wie eine optimierbare Maschine als Wirtschaftsfaktor bzw. Datenpunkt funktioniert. Dann degeneriert Empathiefähigkeit zu „emotionaler Intelligenz", die man trainiert, um erfolgreicher zu sein. Meditation wird dann zum Produktivitätstool. Selbst die Sorge um den Planeten wird in CO_2-Zertifikaten verrechnet – als könne man die Zerstörung der Schöpfung durch geschicktes Buchhalten ausgleichen.

Steiner warnte bereits vor über hundert Jahren vor genau dieser Entwicklung – und hier wird seine Perspektive analytisch interessant, unabhängig davon, ob man seiner Weltanschauung folgt: Er erahnte eine Entwicklung, in der Menschen zunehmend vergessen, dass sie in einer **geistigen Dimension** leben – dass es mehr gibt als Materie, Markt, Messbarkeit. Die Folge wäre ein **entidealisiertes Denken,** bei dem am Ende nur noch ökonomische Nützlichkeitserwägungen zählen. Hinzu würden kommen: nationalistische Abgrenzungen, identitätspolitische Verhärtungen und – besonders beunruhigend – eine neue Fixierung auf **Vererbung und biologische Überlegenheit.**

Genau das aber erleben wir heute über die „Dark-Enlightenment"-Bewegung, nämlich Entmenschlichung mit Abschaffung der Demokratie zugunsten effizienter Herrschaft. Thiel investiert in Technologien zur Unsterblichkeit und Optimierung des Menschen. Der Transhumanismus verspricht die Überwindung menschlicher „Schwächen" – Empathie, Mitgefühl, Sterblichkeit – durch Technologie. Rechtsextreme Bewegungen propagieren wieder offen biologischen Determinismus, „Rassen"-Unterschiede, eugenische Fantasien. Der Mensch wird reduziert auf sein biologisches Substrat, seine ökonomische Verwertbarkeit, seine algorithmische Steuerbarkeit.

Steiners Warnung war wohl doch mehr als Spekulation, sondern eher prophetische Vorausschau. In Anlehnung an Steiners Einsichten und gestützt auf die historischen Fakten lassen sich aus meiner Wertung drei zentrale Beobachtungen formulieren:

1. **Entfremdung vom Geistigen:** Diabolisch- materialistische Verführungen sind genau darauf angelegt, menschliche Intelligenz auf rein technische und ökonomische Zwecke zu reduzieren. Was Steiner „Entfremdung vom kosmischen Christus" nannte, zeigt sich heute in der Abkehr von menschlichen Werten zugunsten kalter Effizienzlogik. Der Mensch als Geistwesen wird geleugnet – übrig bleibt der Mensch als Ressource.
2. **Herrschaft des Ökonomischen:** Menschen werden systematisch zu egoistisch-ökonomischem Nützlichkeitsdenken verführt. Politik wird zum Vollzugsorgan wirtschaftlicher Interessen – die enge Verflechtung zwischen Trump und Tech-Oligarchen ist dafür das sichtbarste Beispiel. Ideen, Werte, Gemeinwohl verlieren jedwede Bedeutung gegenüber dem Primat der Profitmaximierung.
3. **Identitäre Spaltungen:** Durch Verflechtung von egoistischer Ökonomie mit völkisch-identitärem Denken werden Gesellschaften zersetzt. Die Fixierung auf Vererbung, auf „genetische Überlegenheit" – Gedanken, die seit 1945 überwunden schienen – kehrt zurück.

Steiner sah genau diese Gefahren voraus: Wenn der Geist geleugnet wird, bleibt nur die Materie – die Materie wiederum lässt sich kategorisieren, hierarchisieren und selektieren. Das ist die **Logik von Entmenschlichung**.

An dieser Stelle mag sich mancher fragen: Warum wollen denn destruktive Kräfte – ob man sie nun spirituell als Satan-Ahriman begreift oder als Chiffre für ent-

menschlichende Tendenzen versteht – gerade durch Ökonomisierung, Nationalismus und Identitätspolitik sich die menschliche Intelligenz unterwerfen und dazu individuelle Autonomie untergraben?

Die Antwort lautet: Es geht den Menschheitsverführern um die dadurch mögliche systematische Schwächung innerer Widerstandskraft. Psychologen sprechen von der Erosion des „inneren Kompasses" oder der „moralischen Autonomie". **Wenn Menschen sich primär als Wirtschaftssubjekte verstehen, wenn sie sich hauptsächlich über ethnische Zugehörigkeit oder nationale Identität definieren, verlieren sie etwas Entscheidendes: die Fähigkeit, aus eigenen, universellen Werten heraus zu handeln.**

Aus anthroposophischer Sicht ist das kein Zufall, sondern Methode: Satan-Ahriman – verstanden als destruktives Prinzip oder als reale geistige Macht – **will genau das: das autonome Ich auslöschen.** Denn ein Mensch, der eigenständig denkt, der aus innerer Freiheit handelt, der Verantwortung übernimmt, ist nicht ohne Weiteres beherrschbar. Ein Mensch aber, der sich auf ökonomischen Nutzen oder völkisches Zugehörigkeitsdenken reduzieren lässt, wird leicht manipulierbar.

Genau das, so Steiner, ist das Ziel ahrimanischer Kräfte: Menschen zu Automaten machen, zu berechenbaren Einheiten, zu steuerbaren Objekten. Ob man das als spirituelle Realität begreift oder als präzise Beschreibung totalitärer Logik – **das Ergebnis ist dasselbe: Menschen, die nicht mehr selbst entscheiden, nicht mehr widerstehen können.**

Doch wenn destruktive Kräfte das autonome Ich auslöschen wollen – was kann Individuen dagegen stärken? Kurz: Was macht Menschen widerstandsfähig?

Die Antwort ist so einfach wie radikal: Es ist die Verankerung in universellen Idealen. Jene Werte, die seit der Aufklärung als Grundlage der Menschenrechte gelten: **Freiheit, Gleichheit, Brüderlichkeit.** Oder klassischer formuliert: das **Gute, Wahre, Schöne.**

Sophie Scholl leistete gegen Hitler Widerstand – nicht aus nationalem Interesse, sondern aus Gewissen. Nelson Mandela überstand 27 Jahre Haft, ohne seinen Glauben an Gerechtigkeit und Versöhnung aufzugeben. Malala Yousafzai kämpft trotz eines Attentats für Bildung und Menschenrechte. **Ihre Kraft zum Widerstand speiste sich aus Werten, die über ethnische, nationale oder ökonomische Interessen hinausreichten**

Steiner beschrieb „freie Menschen" als Persönlichkeiten, die „aufgrund des ideellen Teils ihres Wesens stets in der Lage sind, sich selbst zu folgen". Je tiefer jemand in solchen Idealen verwurzelt ist, desto schwerer wird er manipulierbar. Desto klarer kann er erkennen, wo Lüge am Werk ist. Desto entschiedener kann er widerstehen.

Das ist der entscheidende Punkt: Wer in universellen Werten verankert ist, wer das Gute, Wahre, Schöne als Realität erkennt – nicht als Geschmacksfrage, sondern als **Orientierung** –, der kann so schnell nicht vollständig unterworfen werden. Selbst im KZ, selbst unter Folter, selbst in totaler äußerer Unfreiheit blieb zumindest für einige der unter autoritärer Unfreiheit leidenden dennoch ein Raum innerer Freiheit.

Und genau diesen Raum wollen totalitäre Systeme – ob politisch oder ökonomisch –möglichst schon im Keim vernichten. Deshalb die Relativierung der Wahrheit. Deshalb die Ökonomisierung aller Werte. Deshalb die Reduktion des Menschen auf Biologie und Markt. **Weil ein Mensch, der noch an Wahrheit glaubt, an Gerechtigkeit, an Würde, nicht vollständig kontrollierbar ist.**

Man könnte auch sagen: Es sind Menschen, die nicht käuflich sind, nicht verführbar durch Macht oder Geld, nicht manipulierbar durch Angst oder Stammesdenken. Thomas Morus, der als Lordkanzler lieber sein Leben gab, als seinem Gewissen untreu zu werden. Die Geschwister Scholl, die aus christlicher und humanistischer Überzeugung gegen das Nazi-Regime aufstanden – gegen völkisches Denken, gegen Massenloyalität, gegen die Tyrannei der Gruppe. Menschen, die Hannah Arendt meinte, als sie vom „Denken" als Schutz gegen das Böse sprach – jener inneren Zwiesprache, die uns davon abhält, uns selbst zu widersprechen, uns selbst zu verraten.

In unserer Zeit manifestiert sich diese innere Freiheit in Whistleblowern wie Edward Snowden, der Karriere und Sicherheit opferte, weil er nicht schweigen konnte zu dem, was er für Unrecht hielt. In russischen Oppositionellen wie Alexej Nawalny, der trotz Lebensgefahr nach Russland zurückkehrte, weil sein Gewissen ihm keine andere Wahl ließ. **Oder in Frances Haugen, der Facebook-Whistleblowerin, die offenlegte, wie der Konzern bewusst Profit über Menschenwohl stellte – und damit ihre Karriere in der Tech-Branche beendete.**

Es sind diese Menschen, die spüren: Es gibt etwas in mir, das wichtiger ist als mein Wohlergehen, mein Komfort, meine Sicherheit – nämlich meine Integrität, mein Menschsein selbst. Und genau diese innere Instanz – dieses Ich, dass sich an Wahrheit, Gerechtigkeit und Menschenwürde orientiert – ist es, was destruktive Kräfte ausschalten wollen. **Denn solange Menschen dieser inneren Stimme folgen können, sind sie nicht vollständig kontrollierbar.**

Genau hier liegt aus Sicht destruktiver Kräfte für sie das Problem: Solange es Menschen gibt, die aus innerer Freiheit handeln, ist deren totale Kontrolle unmöglich. Einzelne Whistleblower, einzelne Widerständler können systemische Lügen offenlegen, können Gewissen wachrufen, können Risse in die Fundamente für finstere Machenschaften schlagen. **Deshalb, so das aktuell durchschaubar werdende Ergebnis ihrer Analyse, muss der Angriff anders als ihre Heimsuchung in den 30er-Jahren umfassender, systematischer, internationaler werden.** Es reicht nicht mehr, einzelne Nationen wie damals vor allem Deutschland zu fanatisieren. Vielmehr müssen künftig Freiheitsunterdrückung und Gesellschaftsspaltungen global orchestriert werden. Das gesamte Fundament aufklärerischen Denkens muss zerstört werden. Und es reicht nicht mehr, einzelne Autoritäre zu installieren – sie müssen sich verbünden, koordinieren, gegenseitig stützen.

Genau das, so prophezeite der russische Philosoph Wladimir Solowjow bereits vor über hundert Jahren, würde geschehen: Gesellschaften würden systematisch zersplittert – entlang ökonomischer, nationaler und ethnischer Bruchlinien. Gleichzeitig würde sich eine internationale Allianz autoritärer Systeme formieren, die gemeinsam gegen die letzten Bastionen der Freiheit vorgeht. **Und genau das erleben wir heute.** Der ehemalige Vizekanzler Robert Habeck brachte es auf den Punkt: Autoritäre Regime schließen sich wie „Brüder im Geiste" gegen die verbliebenen Demokratien zusammen.

Um diese Zusammenhänge greifbarer zu machen, lohnt ein Blick auf jüngste Entwicklungen in den USA unter Trump:

1. **Die Demontage von Wissenschaft und Vernunft.** Trump greift gezielt Eliteuniversitäten an – Harvard, MIT, Yale –, diffamiert sie als „indoktrinierend" und „antiamerikanisch". Wissenschaftliche Expertise wird als „elitäre Arroganz" diskreditiert. Was Goethe im „Faust" „Vernunft und Wissenschaft als des Menschen allerhöchste Kraft" nannte, wird systematisch entwertet. An

ihre Stelle treten „alternative Fakten“ und das Bauchgefühl der „einfachen Leute“. **Wer Vernunft diskreditiert, macht Menschen manipulierbar.**

2. **Die Erosion universeller Werte.** Innerhalb weniger Jahre hat Trump jene aufklärerischen Universalien delegitimiert, die wir im zweiten Kapitel beschrieben haben. Menschenrechte werden als „Gutmenschen-Ideologie“ verspottet, internationale Zusammenarbeit als „Verrat am eigenen Volk“, Rechtsstaatlichkeit als „Waffe der Gegner“. Das Tempo dieser Verschiebung ist beispiellos: Was vor zehn Jahren noch Konsens war – etwa die Unverletzlichkeit demokratischer Wahlergebnisse –, wird heute offen infrage gestellt. **Wer universelle Werte zerstört, zerstört die Grundlage für Widerstand.**
3. **Der Krieg gegen die Wahrheit.** Trump hat das Ansehen wahrheitsverpflichteter Berichterstattung systematisch zerstört. „Fake News“ ist sein Kampfbegriff für jeden unbequemen Fakt. Unterstützt von IT-Oligarchen wie Elon Musk, der Twitter/X zu einem Propagandainstrument umgebaut hat, verdrängen radikalisierende Falschinformationen seriöse Berichterstattung. **Wer Wahrheit zerstört, zerstört die Möglichkeit der Verständigung auf der Grundlage gemeinsam wahrgenommener Wirklichkeit – und damit gemeinsamen Widerstands.**

Wistedt, Deutschland
März 2026

Brüne Schloen

Inhaltsverzeichnis

Teil I

Zivilisationsbedrohliche Kulturdekadenzen

1
Jenseits lügenverzwergter Schonhaltungen

In der Einführung habe ich bereits angedeutet, dass ich meinen Analysen zunächst die in den letzten fünf Jahren (bis Stand heute: Winter 2025/2026) für die BRD hervorstechenden Wandlungstendenzen voranstellen möchte. Denn für viele Deutsche, manche Europäer und sogar einige intellektuelle Amerikaner ist es ja inzwischen sogar Deutschland, auf das als „eminent leader" Europas die Hoffnungen gegen ein weiteres Vordringen der aktuellen Chaosverbreitungen ruhen. Ob solche Hoffnungen berechtigt oder aber trügerisch sind, das sollen neben den nachfolgenden Ausführungen in diesem Einführungskapitel vor allem die diese schlussendlich vertiefenden Analysen ab Unterabschnitt 5.4 zeigen.

Im Anschluss an Kap. 1 möchte ich sodann den Blick des Lesers auf das große Ganze, empirisch erfassbare Weltgeschehen und dies bis zur Großen Französischen Revolution zurückreichend auszuweiten versuchen. Wobei ich dies zu-

B. Schloen, *Chaos als System*,
https://doi.org/10.1007/978-3-658-50870-8_1

nächst ausschließlich im Rahmen einer gesellschaftskritischen, historischen Betrachtung anhand nachweisbarer Fakten versuche. Selbiges gilt auch für die sogleich anschließenden Untersuchungen der seit Corona für Deutschland typischen Entwicklungstendenzen. Leider sind diese eher negativ, auch wenn sie gegenüber den atemberaubenden Demokratiezerstörungen in den USA manchem Zeitgenossen eher harmlos erscheinen mögen. Ich werde im Folgenden diese Entwicklungs- und Veränderungstendenzen unter dem von mir geprägten Begriff „Verzwergungsmodus" einerseits und dem bereits seit längerem in Mode gekommenen Wort „Schonhaltung" andererseits zu charakterisieren versuchen. Beide Phänomene sind im Übrigen geradezu verhaltenstypisch für jene Parteien in der BRD, die sich selbst so betont in der politischen Mitte verorten. Wobei für deren Verzwergungsmodus ein Fehlen von politischer Haltung bei rückläufiger Handlungsentschlossenheit kennzeichnend ist. Von „Schonhaltung" hingegen sprechen deutsche Journalisten schon seit der Kanzlerschaft Merkels. Gemeint ist damit das Verschweigen wie auch Aussitzen all jener großen Probleme, deren Bewältigung politischen Mut und Entschiedenheit erfordern und nur mit Unterstützung von stets darüber transparent informierten Regierten gelöst werden können. Nur werden diese Tatschen von den schonhaltungsaffinen Regierenden wider eigenes besseres Wissen stets verschwiegen bzw. unterschlagen. Nach dem Motto: „Meide zugunsten deiner Wählbarkeit jedwede Problemerwähnung und wiege deine Wähler, solange es denn geht, in Sicherheit vor jedweden Veränderungsherausforderungen."

1.1 Sedierender Klimaprotest, Ungleichheitsverschärfungen und voranschreitender Umweltbacklash

Die zuletzt beklagte Schonhaltung nahezu aller Parteien der sogenannten politischen Mitte führte schon während der Ampelkoalition zu einem weiteren Anwachsen des bereits unter Ex-Kanzlerin Merkel beachtlich angeschwollenen Reformbedarfs in Sachen vermögenmäßiger Ungleichheit. Besonders diese Art Ungleichheit hat durch die anhaltende Verweigerung von überfälligen Reformen unseres maroden Erbschaftsregimes in der neuen Koalition geradezu grotesken Formen angenommen. Für diese scheint die Privilegierung der ganz Reichen zu ihren unantastbaren Prinzipien zu gehören. Über die CDU/CSU beginnt sich der seit vierzig Jahren so hintergründig wie wirksam betriebene Lobbyismus von Großvermögenden und so genannten Mittelstandsvereinigungen gegen die objektiven Interessen der Bevölkerungsmehrheit immer mehr aus zu zahlen.[1] Die dadurch letztendlich von ganz Reichen gekaufte sozialpolitische Unentschlossenheit führte laut *DIE ZEIT* zum politischen Status eines „stehenden k. o." unseres sozialpolitischen Regierungssystems. Zudem sind durch das Fehlen jedweden klimasolidarischen Bemühens, bis vor Kurzem galt dies auch für DIE GRÜNEN, sind sämtliche bisher diskutierten, ökologischen Transformationspläne für breite Bevölkerungskreise „von einem Versprechen zur Bedrohung geworden …".[2]

[1] Zu sofort anwendbaren, problemlösenden Reformkonzepten siehe B. Schloen, Klimasolidarität durch Grundeinkommen. Oekom, München (2021), S. 62 ff.

[2] R. Pausch, „Von wegen rot", DIE ZEIT, 22. August 2024, S. 1.

So erwies sich in den letzten fünf Jahren die deutsche Umwelt- und Verteilungspolitik als zunehmend paralysiert. Die Folge war auch oder sogar gerade für die BRD gerade für die BRD ein „ökologischer Backlash". Diesen spürten neben DIE GRÜNEN und allen Umweltbewegungen vor allem auch „Fridays for Future" (FFF). Diese mussten nach ihrem Erfolgshöhepunkt bis zum Ausbruch der Corona-Krise 2020 eine beachtliche Einbuße bezüglich ihres Wirkungspotenzials in Kauf nehmen. Dass der bis 2020 so weltbewegende Klimaprotest von Greta Thumberg gerade auch in der BRD so schnell sedierte, lag auch daran, dass:

- Im Gegensatz zu Greta Thumberg die bundesrepublikanischen Aktivistenführer(innen) die zentrale Bedeutung sozialer Absicherungen jedweder Klimaschutzmaßnahmen weitgehend verkannten. Solche Absicherungen lassen sich lautmeinen Veröffentlichungen nur über ein „klimasolidarisches Grundeinkommen" erreichen (Schloen 2023, S. 31 ff.). Was auch Klimawissenschaftler wie z. B. die Berliner Professorin Jutta Allmendinger erkannten. Letztere mahnte diesbezüglich: „Wir brauchen dringend eine staatliche Steuerung von Partizipation und Teilhabe … Es muss darum gehen, gesellschaftliche Prozesse der Umverteilung und Kompensation zu implementieren … Ohne gesellschaftlichen Zusammenhalt lassen sich Klimaziele nicht erreichen" (Allmendinger 2022). Gleichlautend auch die Ermahnungen des Stifters K. Wiegandt, der es schon 2022 für **fahrlässig** hielt, „dass die Politik (bisher) **ohne einen umfassenden gesellschaftlichen Diskurs** glaubt, die … (notwendig einschneidenden) **Maßnahmen … unter** gewaltigem **Zeitdruck** in der Bevölkerung **durchsetzen** zu können …" (Wiegandt 2022, S. 306 ff.). Wie verhängnisvoll sich die vorgenannten Defizite und Versäumnisse zu einer Unterstützungsverweigerung jedweder Klimapolitik durch die abstiegsängstlichen Gesellschaftsschichten verfestigt haben, das zeigt sich im Osten Deutschlands. Hier sehen inzwischen Bevölkerungsmehrheiten den Klimaschutz als „Projekt einer wohlhabenden Elite". Insbesondere ein „grünes Eliteprojekt des Westens". Durch AfD und BSW wurde dies inzwischen hochgejubelt zu einem Klassenkonflikt, weshalb der Partei DIE GRÜNEN im Osten ein weitverbreiteter Hass entgegenschlägt, wie u. a. *ZEIT online* im Januar 2025 unter dem Titel „Die Klimaretter in ihrer Blase" berichtet.[3]

- Das Scheitern des deutschen Anspruchs auf klimapolitische Anführerschaft samt finalem Wirkungsverlust der FFF-Bewegung in der BRD wurde sowohl durch Habecks sozialpolitisch dilettantische Kommunikation des „Heizungsgesetzes" als auch die allgemeinpolitischen Aufrufe Greta Thumbergs vom 12. November2013 in Amsterdam mit befeuert. Dort verkündete sie: „Die Klimabewegung habe die Pflicht, auf die Stimmen jener zu hören, die unterdrückt sind und für Frieden und Gerechtigkeit kämpfen". Der Niederländer Erjahn Dam kletterte darauf die Bühne, versuchte, Greta Thumberg das Mikrofon zu entreißen, und sagte: „Ich bin für eine Klimademonstration hierhergekommen, nicht für politische Ansichten".[4] Ein paar Tage findet Greta Thumberg weltweit durchaus Unterstützer für ihre Thesen. Von Deutschland aus begegnet ihr jedoch überwiegend Fassungslosigkeit. Dort sah plötzlich eine Mehrheit in Greta Thunberg als eine „Verräterin der Klimabewegung".[5]

---

[3] https://www.zeit.de/2025/03/klimaschutz-elite-arbeiterklasse-energie-klimaschutz.

[4] SPIEGEL Nr. 47 vom 18. November 2023, S. 8 ff.

[5] SPIEGEL Nr. 47, a. a. O., S. 18 f.

Besonders verhängnisvoll für obige von Extremisten inzwischen gegen Umweltbewegungen wirkungsmächtig instrumentalisierten Vorkommnisse, wirkt sich der oft wertentkernte Journalismus in Richtung auf die zuletzt beklagten Lügenverzwergungen und Schonhaltungen der politischen Mitte aus.

1.2 Demokratieabbau durch werteentkernte „Hofberichterstattung"

Das Wort „Hofberichterstattung" mag manchen zur Assoziierung von obrigkeitshöriger Medienkultur verleiten, die sich mehr oder weniger einem feudalen Normenkodex unterwirft. Solches möchte ich mit obiger Überschrift keinesfalls als charakteristisch für die aktuelle deutsche Medienlandschaft behaupten. Denn diese weist nach meinem Urteil allgemeinpolitisch betrachtet auch in n der wiedervereinigten BRD nach wie vor eine durchaus große Meinungsvielfalt auf. Was aber für nahezu alle Medien einschließlich der Öffentlich-rechtlichen gilt, das ist deren nahezu ausschließlich von externen Veranlassungen getriebene Berichterstattung. Autonome Schwerpunktsetzungen z. B. in Form von Kritik an politischen Versäumnissen der Regierungsverantwortlichen unterbleiben weitestgehend. Die in der BRD durchaus demokratisch orientierte Berichterstattung fügt sich damit fast durchgängig der Agenda, die insbesondere von der nationalen und seit Trump auch internationale Politik vorgegeben wird. Was bedeutet: All die von der Politik gerade nicht bearbeiten oder auch aus Schonhaltungsgründen ausgeklammerten Themen spielen in den Medien keine Rolle (So auch Ullrich in „Demokratie und Revolution" (Ulrich und Richter 2024, S. 123).

Welche Konsequenzen diese vom Regierungshandel abhängige Berichterstattung der Medien auf deren ganzheitliche Objektivität und Informationsrelevanz haben kann, das Verspüren wachere Zeitgenossen gerade jetzt (Stand Winter 2026) immer schmerzlicher. Nämlich dadurch, dass sich mit dem jüngsten Regierungswechsel die dem rechten Rand immer mehr öffnende, regierungsdominante CDU/CSU-Mehrheit mit handlungsprägender Wirkung für Gesamtkoalition dem Thema Klimawandel, Solidarität und Verteilungsgerechtigkeit nahezu vollständig verschließt. In den Medien führt das beinahe unabhängig von deren politischer Ausrichtung, anders als noch zu Zeiten der Ampelkoalition, dazu, dass in deren Berichterstattung die Themen Klimasolidarität und reformunterstützter Vererbungs- und Verteilungsgerechtigkeit selbst in der als linksliberal geltenden SZ kaum noch vorkommen. Von DIE WELT und FAZ ganz zu schweigen. Immerhin ringen sich einzelne Journalisten und diese manchmal von Redaktionskollegen von DIE ZEIT, DER SPIEGEL wie auch TAZ unterstützt, zu einem Durchbrechen solcher Diskursverarmungen auf. So z. B.:

- Die Bernd Ullrich mit seiner ausführlich begründeten These, dass die Zumutungslosigkeit des bundesrepublikanisch dominierenden Politikerverhaltens es verhindere, den inzwischen multiplen Krisen überhaupt auch nur im Ansatz beizukommen. Denn deren Problemverbundenheit ließe sich eben nur auf einmal und dies mittels eines „großen Wurfes" lösen (Ulrich/Richter, Seite 324).
- Michael Lüders, der es mutig wagt, die ständig von konservativen Politikern wie auch dem Medienmainstream missbrauchte „Antisemitismuskeule" gut begründet scharf zu kritisieren. Er fordert in seinem jüngst erschienen Buch mit guten Argumenten, dass wir in der BRD einen ganz anderen Umgang mit den tatsächlichen

Vermächtnissen unserer jüngeren Geschichte brauchen. Nämlich eine universalistische Haltung und Offenheit für zukunftsfähige Systemumwandlungen.
- Dies würde auch eine Abkehr von der problematischen, viel zu sehr die Apartheit Israels unterstützende „Staatsräson" erfordern.
- Weshalb sich unsere allmählich braun verfärbende „Erinnerungskultur" in ein aktives Einstehen für universelle Menschenrechte – auch zu Gunsten der Palästinenser – als Chiffre für ein globales „Nie wieder" verwandeln möge (Lüders 2025, S. 216 f.).

Die zuletzt skizzierten Ausführungen stammen von jenen wenigen Journalisten, die sich unverdrossen um eine eigenständige Haltung verbunden mit intensiver Recherche für journalistische Werteorientierung bemühen. Leider fallen sie in Anbetracht eines den Medienmainstream nicht nur wirtschaftspolitisch, sondern auch kulturell dominierenden Neoliberalismus mit dessen werteentkernter Verantwortungslosigkeit zu wenig ins Gewicht.

1.3 Hassverbreitende Internethetze samt Parteienradikalisierung geht einher mit Vergangenheitsorientiertheit

Die vorstehend skizzierte Schonhaltungen paralysieren nachweisbar die Mitte-Parteien der BRD. Daran hat selbst die in letzter Zeit explodierende Vermögensungleichheit wenig geändert. All dies hat aber Schritt für Schritt die Glaubwürdigkeit nicht nur der jeweils Regierenden sondern überhaupt die unseres derzeit existierenden, demokratischen Systems mehr und mehr untergraben. Insoweit handelt es sich also um selbstverschuldete Systemdestabilisierungen, die gerade von den die politische Mitte darzustellen versuchenden Parteien ausgeht.

Anders hingegen verhält es sich mit der erst seit Beginn dieses Jahrtausends im Osten der BRD unübersehbaren Vordringen radikaler Parteien und dies insbesondere auf der so genannten politischen Rechten. Seit 2010 wächst deren zunächst nur lokalpolitisch-regionaler Einfluss unter Anführerschaft der AfD geradezu exponentiell. Nach deren anfänglich eine demokratische Gesinnung vorgaukelnden Verklärungsversuchen bekennen sich die AfD-Anführer inzwischen mehr oder weniger offen dazu, das ihr wohl nicht nur scheinbares Ziel in der Überwindung der „Systemparteien" mit gleichzeitiger Beseitigung unserer derzeitigen, parlamentarisch-bürgerlichen Ordnung liegt. Darin stimmen sie zudem in weiten Teilen mit dem Programm des linksradikalen BSW überein. Hinzu kommt bei der AfD indes erschwerend Ihre inzwischen offen vertretenen „Remigrationsforderungen", weshalb sie von vielen Politikbeobachtern als zumindest tendenziell „faschistisch" bewertet wird.

1.3.1 Initiativlähmende DDR-Hinterlassenschaften mutieren zu einem Spaltungshumus

Der erste parlamentarische Radikalendurchbruch von AfD zusammen mit der sich ebenfalls parlamentarischen Spielregel verweigernden BSW fand bekanntlich in Sachsen und Thüringen aufgrund der Landtagswahlen im September 2024 statt. Danach wurde für jeden erkennbar, dass in Thüringen über die Hälfte der dortigen Wähler dem demokratischen System der BRD wenn nicht ablehnend so doch skeptisch gegenüberstehen. In Sachsen waren dies immerhin nahezu die Hälfte der Wahlberechtigten. Dagegen verliefen in Brandenburg die Landtagswahlen für die Parteien der sogenannten demokratischen Mitte noch etwas glimpflicher. Jedoch hat sich dessen SPD-Ministerpräsident wie schon sein CDU-Kollege Kretschmer inzwischen prominent als Putin-Versteher und Ablehner jedweder weiteren Unterstützung des Freiheitskampfes der Ukrainer zu erkennen gegeben.

All die zuletzt umrissenen und viele Bewohner der ehemals westlichen Bundesländer völlig überraschenden und mit Entsetzen erfüllenden Stabilitätseinbrüche haben inzwischen manche Hinterfragungen zu deren Hauptverursachungen ausgelöst. Obwohl der ehemalige Bundestagspräsident Wolfgang Thierse schon frühzeitig, nämlich im Jahre 2001, mit einer damals für viel Empörung sorgenden These, „Ostdeutschland stehe in wirtschaftlicher und sozialer Hinsicht auf der Kippe", vor solchen Entwicklungen gewarnt hatte (Thierse 2001, S. 5 ff.) Nur wurde Thierse wie auch z. B. der ostdeutsche Schriftsteller Sascha Kowalczuk und andere Mahner bis noch vor kurzem nicht weiter ernst genommen. Erst als die AfD sich zusammen mit dem ebenfalls radikalen BSW Anfang der 2020er-Jahre anschickte, mehr als fünfzig Prozent der Wählerstimmen sowohl in Sachsen als auch Thüringen und Brandenburg zu erringen, änderte sich dies schlagartig. Es bleibt ein herausragendes Verdienst der ostdeutschen Schriftsteller Steffen Mau und Sascha Kowalczuk mit ihren beiden 2024 veröffentlichten politischen Entwicklungs- und Zustandsanalysen über die untergegangene DDR, das sich inzwischen auch beachtliche Kreise von politisch Interessierten im westlichen Bundesgebiet in die akute Problematik des Ostens hineindenken können, insbesondere auch in die immer offenkundiger in Erscheinung tretenden Verwirrungen sowie die innere Demokratieferne eines überwiegenden Teils der ostdeutschen Wahlberechtigten.

Mau diagnostiziert streng soziologisch als Ergebnis des DDR-Übernahmeprozesses durch die „alte" BRD eine „anhaltende zivilgesellschaftliche Formschwäche". Diese erwies sich als quasiverwaister Raum und wurde zu einem Gelegenheitsfenster für den Einstieg rechtsextremer Akteure auch aus den westlichen Bundesländern, hatten sie im Osten doch mehr „Beinfreiheit" für die Verbreitung ihrer ausländerfeindlichen, nationalistischen und völkischen Ziele und Botschaften (Mau 2024, S. 41 ff.), und er ergänzt dazu: Ein womöglich treffender Begriff ist der einer „angebräunten Zivilgesellschaft … man kann wohl von einer Langfristigkeit dieser Einwurzelungen ausgehen" (Mau 2024, S. 51 ff.).

Ähnlich, aber oft noch drastischer gerieten die Analysen von Sascha Kowalczuk. Aus seiner Sicht haben viele der noch in diktatorischen Verhältnissen sozialisierten Ostdeutschen nach 1991 „den Sprung in die Freiheit nicht als Befreiung erlebt, sondern eher als Freiheitsschock erlitten". Vor allem erlebten sie sich als Opfer desselben. Das führte laut Kowalczuk dazu, dass sie sich weniger als Mitgestalter, sondern als Opfer des Einigungsprozesses erlebten. Dies wiederum bewirkte ein Fremdeln von inzwischen rund zwei Dritteln der ehemaligen DDR-Bürger mit der bundesrepublikanischen Demokratiepraxis. „Sie empfinden sich nicht als genügend gehört, nicht ernst genommen, … glauben, keinen Einfluss auf die Politik zu haben, und betrachten die meisten Politiker*innen als abgehoben sowie mit den eigentlichen Problemen nicht vertraut. Aus dieser Einschätzung und Haltungsentwicklung heraus können sich aktuell rund zwei Drittel der Menschen in Ostdeutschland vorstellen, einer gegen das Grundgesetz und gegen die bundesdeutsche Demokratie ausgerichteten Kraft ihre Stimme zu geben" (Kowalczuk 2024, S. 15).

Auf Grundlage solchermaßen angebräunter Politikeinstellung weiter Bevölkerungskreise im deutschen Osten, aber auch anwachsender Demokratieskepsis im Westen der BRD konnten sowohl AfD wie BSW ihren gemeinsamen Angriff auf den deutschen Rechtsstaat gerade in jüngster Zeit immer unverblümter verstärken.

1.3.2 Radikalenangriffe und Landesverrat gegen die BRD

Wer die Hauptzielrichtung für das auf Deutschland gerichtete Destabilisierungsprojekt der AfD und deren dafür in Mode gekommenen Agitationsmuster besser durchschauen will, der kann dies am leichtesten anhand der verdienstvollen Recherche des Journalisten und Autors Michael Kraske tun. Dieser wies darauf hin, das bereits im Jahr 2019 deren Ehrenvorsitzender Alexander Gauland mit Höcke demonstrativ erklärte, dass alle, die seine völkisch-rassistische Politik nicht mittragen wollen, durch „politische Säuberungen" entweder remigriert oder schlicht eliminiert werden, wozu er wörtlich ergänzte: „Wir machen keine halben Sachen", auch wenn wir „ein paar Volksteile verlieren werden, die zu schwach oder nicht willens sind, sich der fortschreitenden Afrikanisierung, Orientalisierung und Islamisierung zu widersetzen" (Höcke 2018, S. 257 f.).

Die Angriffsstrategie der AfD auf die BRD beschränkt sich aber keinesfalls nur auf solche Hetzparolen sowie ein Vorführen bzw. Lächerlichmachen seiner rechtsstaatlichen Institutionen. Auch nicht auf das immer offensivere Bewerben ihrer Remigrationsziele. Vielmehr gehört dazu auch das, was man traditionell als Landesverrat bezeichnet.

Es ist vor allem dem von Michael Kraske und Dirk Laabs über viele Jahre koordinierten Recherchenetzwerk zu danken, dass die inzwischen erreichten Dimensionen des von AfD-Mitgliedern und sogar deren einflussreichen Parteianführern betriebenen Landesverrats systematisch enthüllt und dargestellt wurden. Deren Fazit: Die AfD gefährdet nachhaltig die Sicherheit Deutschlands. Und: Verrat wohnt der Partei inne, wie auch Selbstzerfleischen immer Teil ihrer Show war und bei vielen Bundesbürgern den Wunschtraum am Leben hielt, dass sich die AfD als Problem von allein erledigt. „Hat sie jedoch nicht" (Kraske und Laabs 2024, S. 200 ff.).

Die zuletzt umrissenen Radikalenangriffe sind nur deshalb auch für die BRD so bedrohlich, weil die so genannte politische Mitte den zuvor charakterisierten Schonhaltungen und ideellen Verflachungsprozessen unterliegt. Dadurch konnte die schrumpfende Mitte gegen die expandierende AfD bisher auch keine nachhaltigen Bekämpfungsstrategien entwickeln. Eine teilweise Übernahme von deren Extremforderungen z. B.in Sachen Migrationskontrolle sowie der Versuch einer gesamtpolitischen, inhaltlichen Auseinandersetzung haben der sich darum besonders bemühenden CDU/CSU bisher jedenfalls keine Mehrstimmen aus der aktuell in breiten Kreisen verunsicherten und mit dem Regierungshandeln seit langem unzufriedenen Bevölkerung eingebracht. Letztere erkennt nicht zu Unrecht vor allem eins: Nämlich, dass sich die Zukunftsperspektiven mehr und mehr auch für die BRD eintrüben und aktuelle wie auch Vorgängerregierungen dagegen weder überzeugende Konzepte vorstell(t) en noch überhaupt einen glaubhaften Handlungs- und Veränderungswillen haben erkennen lassen.

Was aber politisch wachere Bürger besonders bezüglich der aktuell regierungsanführenden CDU/CSU irritieren sollte, das ist die in deren Fraktionsmehrheit sich offenbarende Unterschätzung all der Demokratiegefährdungen, die gerade von der AfD ausgehen. Diese Mehrheit scheint immer noch die Hoffnung zu haben, sie könne zusammen mit Koalitionspartnern die AfD allein durch offen politische Auseinandersetzung einhegen. Ein Verbotsantrag über das Verfassungsgericht scheint in der CDU/CSU, anders als bei SPD und DIE GRÜNEN, keine Mehrheit zu finden. Dabei dürften das Bundesverfassungsgericht qua seiner stets unter Beweis gestellten Qualifikation am ehesten in der Lage sein, die von der AfD auf die Verfasstheit unseres Staates ausgehenden Gefahren realistisch zu beurteilen.

1.3.3 Lügendurchdrungene Agitationen stärken überkommene Vergangenheitssehnsüchte

So aber eröffnen sich für die AfD immer weitergehende Agitationsspielräume gegen die „Systemparteien" über das Internet. Denn die AfD hat viel früher als alle anderen Parteien erkannt, dass allem Jugendliche bevorzugt soziale Medien nutzen, um sich über die neuesten Geschehnisse in der Welt zu informieren. Genau dafür hat sie ganz im Gegensatz zu den Parteien der politischen Mitte viele hauptberufliche Propagandisten angestellt, die über YouTube-Kanäle, TikTok-Videoschnipsel und ungezählte Posts auf Facebook, X und Instagram tagein und tagaus versuchen, die Menschen im Sinne ihrer völkisch-faschistoiden Ziele zu beeinflussen. So nutzt die AfD jedwede strafrechtlich gerade noch geduldete Form politischer Verunglimpfungen und Hetze gegen ihre rechtsstaatliche Parteienkonkurrenz. Mit solcher Art destruktiver wie aufwendiger Werbemethoden hat, die AfD inzwischen eine weit höhere Reichweite erzielt als alle demokratischen Parteien der BRD zusammen.[6] Die Früchte dieser Aktivitäten ernteten AfD und BSW wie oben ausgeführt in den letzten Landtagswahlen der östlichen Bundesländer. Dort avancierten beide in

[6] Vgl. dazu und zum Folgenden Ruprecht Polenz, Tu was! Kurze Anleitung zur Verteidigung der Demokratie. C.H. Beck, München 2024, S. 64.

Sachsen und Thüringen zusammen bekanntlich zur weitaus stärksten Parteiengruppierung von nahezu 50 % aller Wählerstimmen. Schon die AfD allein gewann rund 46 % der Stimmen aller männlichen Wähler im Alter unter 25 Jahren,[7] und das bereits jetzt!

Auf die für die weitere Zukunft aus solchen Prozessen möglicherweise hervorgehenden Verführungs- und rechtsstaatlichen Gefährdungspotenziale weist auch Ruprecht Polenz als wohl Follower-stärkster deutscher Politiker hin. Vor allem erkennt er im Unterschied zu den meisten seiner CDU/CSU-Kollegen, das die AfD im Unterschied zu ihren Konkurrenzparteien viel langfristiger ausgerichtete Zielsetzungen verfolgt. Nämlich „mit der Zeit eine neue Wirklichkeit zu erschaffen, mit neuen Wahrheiten und letztlich eine andere, eine neue Gesellschaft". All dies erinnert Polenz an George Orwells Dystopie „1984", in der ein Totalitarismus beschrieben wird, „in dem das Gute und das Schlechte, das Freiheitliche und das Unterjochende, das Gerechte und das Ungerechte sich jederzeit verkehren lassen …". Eine vergleichbare Umdeutung der Sprache im Sinne von Orwell sieht Polenz auch in dem AfD-Neusprech von der „DDR 2.0" (Polenz 2024, S. 46).

Besondere Wirksamkeiten könnten die zuletzt umrissenen Wahrheitsverdrehungen der AfD dadurch entfalten, indem sie weiter, wie bisher mit Vergangenheitssehnsüchten und rassistischen Ressentiments vermischt werden. Die AfD-Vergangenheitsversionen reichen zwar (noch) nicht wie bei den Nazis in urferne, germanische Zeitepochen zurück. Sie sind aber dennoch geeignet, breite Bevölkerungskreise von jedweder Zukunftshinwendung abzulenken und diese in die Richtung zurückliegender, traditionsvertrauter Leitbilder zu verführen.

---

[7] SZ Nr. 206 vom 6. September 2024.

Solche Leitbilder prägen nebenbei bemerkt auch die Sehnsüchte weiter Kreise in der besonders traditionsverhafteten bayerischen Bevölkerung. Das spiegelt sich auch deutlich im Parteiprogramm der CSU mit deren traditionellen Heimatleitbildern sowie der antiquierten Mütterrente wider. Dies aber vermischt nach dem Prinzip „Laptop mit Lederhose" mit einer betonten Technologieoffenheit, wofür ja die erfolgreiche bayerische und insbesondere Münchener Wirtschaftsentwicklung ein anschauliches Zeugnis liefert. Insoweit unterscheidet sich der Südosten trotz mancher Traditionsgemeinsamkeiten nicht unbeträchtlich vom DDR-geprägten Osten.

1.4 Aus Verlustwahrnehmungen geborene Widerstände gegen Realitätsverdrängung und Demokratieabbau

Gegen obige Radikalisierungs-, Strategieverweigerungs- und Spaltungsprozesse wenden sich breite Bevölkerungsgruppen wie auch prominente Einzelpersönlichkeiten und Forschungseinrichtungen nebst Jugendbewegungen innerhalb von DIE GRÜNEN und der SPD. So z. B. die Bertelsmann- sowie der Klimaneutralität-Stiftung mit ihren 2024 veröffentlichten Beiträgen zur Notwendigkeit einer sozial gerechteren Klimapolitik. Dazu müsse das Klimageld stärker sozial gestaffelt werden, als dies in den Vorschlägen von DIE GRÜNEN bisher der Fall war. Zudem seien alle bisher bekannten Förderprogramme zur Beschleunigung von Energiewende und CO_2-Reduktion nicht ausreichend dimensioniert. All dies sei ohne Lockerung der Schuldenbremse des Grundgesetzes kaum zu stemmen: „Wir brauchen ein vollständiges Umdenken in der Klimaschutzfinanzierung.“[8]

Immerhin hat sich die Ampel-Nachfolgekoalition in 2025 auf Grund von geschicktem Taktieren von DIE GRÜNEN dazu überwunden, die Schuldenbremse zumindest problemangemessen zu lockern. Ferner erkannte im Spätherbst 2025 sogar eine Parteimehrheit von DIE GRÜNEN, dass ihre bisherige Klimapolitik sozialpolitisch bisher desaströs war. Die diesbezüglichen Anmahnungen ihrer Jugendorganisationen schienen endlich Früchte zu tragen. Auch, was deren noch 2024 formulierten Einforderungen betraf, dass:

- „… es kein attraktives Angebot sei, wenn alles nur Krise bedeute. Es fehle auch den GRÜNEN eine Utopie, ein Ziel, z.B um größere Vermögen stärker umzuverteilen;
- also Multimillionäre und Milliardäre stärker besteuern, die Erbschaftssteuer erhöhen und (in dem Steuerregime) Schlupflöcher schließen“.

Worauf dazu bezeichnenderweise der deren SZ-Interviewer Markus Balser in naiv neoliberaler Manier hinterfragte: „Sie werben für mehr Klassenkampf?“[9]

In ähnliche Richtungen zielten auch Einforderungen von Juso-Vorsitzenden, die ebenfalls grundlegende Erbschaftssteuerreformen zum Abbau der zunehmend desaströsen Vermögensungleichheit anmahnten. Ihre Anmahnungen ergänzten sie mit dem Vorschlag, ein sogenanntes „Grunderbe“ für alle gesetzlich zu implementieren.

[8] SZ Nr. 290 vom 16. Dezember 2024, S. 13.
[9] SZ Nr. 123 vom 31. Mai 2024, S. 5.

Was ebenfalls hoffnungsvoll gegen die oben beschriebenen Spaltungs- und insbesondere Radikalisierungsprozesse stimmt, das sind die im Frühjahr 2024 spontan stattfindenden Bewegungen breiter Kreise der Zivilgesellschaft gegen die faschistoiden und menschwürdeverachtenden Remigrationspläne von AfD und deren Unterstützernetzwerken. Die Protestkohorten dagegen überschritten in der BRD im Winter/Frühling 2024 geschätzt eine dreifache Millionengrenze. Innerhalb dieser gingen beispielsweise in Fontanes berühmtem Ort Ribbeck mehr Leute für Demokratie auf die Straße, als dieses Dorf überhaupt Einwohner hat.[10]

Solche Gruppenprozesse wurden durch prominente Einzelpersönlichkeiten zwecks Anregung zu noch mehr engagierterem Widerstand unterstützt. So auch von Ruprecht Polenz mit seinem Weckruf „All Hands on Deck" (Polenz 2024, S. 100, 63 ff.). Ebenfalls durch Silke van Dyk, die sich vehement gegen die von der AfD insinuierten These wehrte, Klimapolitik sei ein Geschäft von linksradikalen Ideologen.[11]

All die zuletzt skizzierten Widerstandsbemühungen sollen nur ein selektives Schlaglicht auf jener anderen Deutschen werfen, die der oben kritisierten Spaltungs- und Radikalisierungsprozessen ablehnend gegenüberstehen und sich um die Zukunftsfähigkeit unserer Gesellschaft große Sorgen machen. Insoweit wollte ich bis hierher nur einen aktuellen Überblick zu der seit der Coronakrise bis heute die bundesrepublikanische Gesellschaft und deren Krisenresilienz prägenden Prozesse vermitteln. Dieser empirisch abgeleitete Überblick reicht zu einem Verursachungserkennen geschweige denn zu einer Bewertung der bisher gewonnenen Erkenntnisse keinesfalls aus. Er ist aber als

[10] SZ Nr. 38 vom 15. Februar 2024, S. 5.

[11] https://www.spiegel.de/politik/deutschland/politik-in-zeiten-des rechtsdrucks.

Einstieg in die anschließend viel weiter gefassten Nachfolgeanalysen notwendig. Denn zusammen mit Letzteren sind unter besonderer Berücksichtigung obiger Prozessbeschreibungen schlussendlich in Kapitel Fünf Fragen zu beantworten wie: Kann sich Deutschland in seiner derzeitigen Verfasstheit und kulturellen Widerstandsfähigkeit zu einem „eminent leader" Europas doch noch erkraften ? Dazu aber müssen wir neben und über die ob beschriebenen Prozesse hinaus das große Ganze in unsere Analysen einbeziehen. Was zunächst bedeutet: Wir müssen den zeitlichen Betrachtungsrahmen viel weiter zu spannen und zugleich die räumlichen Dimensionen auf globale Gesamtentwicklungen samt Kulturkämpfen erweitern. Was in den zwei Folgekapiteln, wie schon in der Einleitung angekündigt, auf reiner Faktenbasis geschehen soll. Danach aber soll der empirisch gewonnene Befund ab viertem Kapitel nach Analysemethoden eines „inspirierten Universalismus" auf dessen verursachungskern hin ausführlich untersucht und bewertet werden.

Teil II

Von den Höhen individualitätsfreisetzender Universalien bis zur Heimsuchungsvernichtung mitteleuropäischer Kultur

Die nachfolgenden Kapitel behandeln zunächst wie avisiert die wichtigste, fast 250 Jahre umfassende und Epoche der Moderne auf rein empirischer Grundlage. Sie reicht von der Menschenrechtseinforderung der Großen Französischen Revolution als einer von lichten Kräften inspirierten Ausgangsbasis bis zu den von finsteren Mächten verursachten Kulturabstürzen durch Autokraten – Verbrüderungen und „Dark Enlightement"-Herrschaft in jetzigen Zeitläufen (Winter 2026). Die dazwischen liegenden, geschichtsprägenden Kulturkämpfe der Moderne wie auch deren Kulturabstürze werden dazu auf der Grundlage empirisch fundierter Geschichtsanalyse beschrieben. Letztere werde ich zum Ende des zweiten Buchteils als Heimsuchungen zu erklären versuchen. Die erste Heimsuchung davon betraf vornehmlich die Auslöschung der mitteleuropäischen Kultur und zielte damit vor allem auf Deutschland ab. Sie endete mit der am Ende dieses Kapitel erwähnten Kapitulation des Deutschen Reiches.

Zunächst aber beginne ich l mit dem andeuteten Höhepunkt der Moderne, nämlich der Großen Französischen Revolution. Letzterer wurde von inspirierten Zeitgenossen auf Grund deren in mehreren Jahrzehnten vorgedachte Losung „Freiheit, Gleichheit, Brüderlichkeit" als ein historisch einmaliges, ganzheitliches Leitziel erkannt. Tiefer empfindenden Persönlichkeiten haben die magisch anmutenden „Droits de l'Homme et du Citoyen" wie z. B. Heinrich Heine als nicht nur aus Frankreich stammend aufgefasst, sondern als „aus dem Himmel kommend, dem ewigen Vaterland der Vernunft", gepriesen. Deren europaweiter Siegeszug wurde erst nach der militärischen Niederlage und Abdankung Napoleons, dann aber mit großer Vehemenz ab 1819 durch eine folgenreiche Gegenrevolution, welche später als Restauration bezeichnet wurde, gestoppt. Letztere dauerte bis zu der obigen Losung wiederaufgreifenden Folgerevolution 1848/49, womit sich einmal mehr erwies: Menschheitsentwicklungen verlaufen zyklisch und keinesfalls linear voranschreitend. Worin sich nebenbei auch Kämpfe zwischen lichten und finsteren Geistesmächten stets wieder offenbaren.[1]

Nach der 48er-Folgerevolution erwiesen sich zwei Hauptströmungen als besonders retardierende Momente gegen ein zutreffendes Verständnis wie auch weiterführendes Umsetzen der obigen Revolutionslosung. Nämlich im Generellen der weltweit voranschreitende Materialismus und im Speziellen der kapitalistische wie auch radikalsozialistische Ökonomismus. Vor allem an den letzten beiden Antagonismen scheiterte letztendlich ein konkretes und systemisch-funktionales Zusammendenken von Freiheit und Solidarität. Dies wurde wie in einem Brennpunkt mit dem Zusammenbruch der Räte- und Dreigliederungsbewegung

[1] Siehe dazu ausführlich B. Schloen, Weltanschauungskämpfe, Klimasolidarität und Rettungsstrategien, Springer-Gabler, Wiesbaden 2024, S. 5 ff.

Württembergs im Sommer 1919 offenbar. Von da an dauerte es nur noch gut zehn Jahre, bis sich in Deutschland antichristliche Geisteswesen zur ersten europaweiten Heimsuchung für eine vollständige Kultur-, aber auch Zivilisationsvernichtung anschickten. Mit den dafür durch diese bewirkten Höllenfahrten insbesondere Mitteleuropas schließe ich das zweite Buchkapitel ab.

2

Die epochenwandelnde Universalienlosung der Großen Französischen Revolution

Die Große Französische Revolution bedeutet nicht nur einen epochalen Wendepunkt in der Menschheitsgeschichte sondern zugleich wie bereits angedeutet einen lichten Höhepunkt der Moderne. Durch sie wurde ein verfassungsmäßig festgeschriebener Zukunftsdreiklang für weltweite Menschenwürde veranlagt. Dafür jedenfalls versprach Frankreich laut seiner 1793 endgültig verabschiedeten Verfassung, sich als verantwortliche Schutzmacht einzusetzen. Von da an dauerte es etwa zehn Jahre, bis Napoleon als inzwischen zum Kaiser der Franzosen gekrönter Imperator begann, Teile des so verfassten Revolutionsversprechens als Begründung für europaweiten Eroberungsfeldzüge umzusetzen. Das gelang ihm mittels seines genialen Organisationstalents und der weltweit schlagkräftigsten Armee. Dies drang bis 1812 von Lissabon im Westen bis nach Moskau im Osten. Wobei allerdings die Halbwertzeit seiner so gigantischen Eroberungen und damit auch Systemreformen nicht lange währte. Schon 1815 musste er nach der

B. Schloen, *Chaos als System*,
https://doi.org/10.1007/978-3-658-50870-8_2

vernichtenden Niederlage in der Schlacht von Waterloo als Kaiser der Franzosen abdanken. Damit verschwand auch schlagartig sein über weite Teile Europas gehaltener Schutzschirm für die Einhaltung zumindest bestimmter Menschenrechte. Doch allein schon dies genügte, um diese Ideale trotz alsbald folgender Restauration kulturell zumindest in gehobenen Bildungskreisen zu verankern. Dazu trugen nicht unwesentlich die von den Revolutionsimpulsen inspirierten deutschen Klassiker und Frühromantiker in Jena bei (Schloen 2024, S. 14 ff.).

Das von den Klassikern und Frühromantikern für deren Wirken weiterverfolgte Konzept innerer Autonomie zog sich bis dahin bereits durch die gesamte abendländische Philosophie. Deren praktische Anwendung spiegelt sich in den Biografien all derjenigen, die Tyrannei widerstanden: Sokrates folgte seiner inneren Stimme, seinem „Daimonion", selbst als es ihn das Leben kostete – er weigerte sich, seine Überzeugungen zu verraten, auch unter Todesdrohung. Kant sprach von der autonomen Vernunft, die sich selbst das Gesetz gibt und nicht von außen diktieren lässt. Späterhin erkannte auch Viktor Frankl, der Auschwitz überlebte, das die „letzte menschliche Freiheit" darin besteht, Freiheit und Haltung selbst unter Umständen selbst zu wählen, welche man nicht ändern kann.

2.1 Das Richtungsweisende der Menschenrechtslosung

Das wirklich Neue und Besondere dieses Dreiklangs der Revolutionseinforderungen liegt:

- zum einen in deren ganzheitlicher Universalität sowie gegenseitigen Synergieverstärkungen;

- zum anderen darin, dass sie über eine freiheitliche Verfassungsabsicherung hinaus eine gesellschaftssolidarische Systemfundierung sowohl veranlagen als auch letztendlich verlangen.

Von den drei Losungselementen war zunächst nur das Verlangen nach **Gleichheit** nahezu allen Bildungsbürgern bekannt. Gemeint ist damit in der Losung die Gleichheit vor dem Gesetz, nicht mehr, aber auch keinesfalls weniger. Gleichfalls hegten schon damals viele Sympathien für die Forderung nach **Freiheit** im Sinne jener Freiheitstraditionen, wie sie in England seit 1689 mit den Bill of Rights und in den USA seit 1776 durch die Declaration of Independence (Unabhängigkeitserklärung) zum Ausdruck kam. Völlig neu jedoch war die Forderung nach Brüderlichkeit und deren laut Losung gleichrangiger Stellung zu den zuvor genannten Kategorien. Zumindest wird jeder dies so sehen, solange er jede dieser Kategorien als voneinander unabhängige Einforderung betrachtet. Mit dieser Einstellung jedenfalls hat man dies kurz nach Beginn der Revolution im Jahre 1793 in Artikel 21 der französischen Verfassung auch statuiert, nämlich: „Die öffentliche Unterstützung von Hilfsbedürftigen ist eine heilige Pflicht. Die Gesellschaft schuldet unglücklichen Mitgliedern den Unterhalt, indem sie ihnen entweder Arbeit verschafft, oder denen, die außerstande sind zu arbeiten, die Mittel für ihr Dasein sichert."

Es erwies sich jedoch in den folgenden Jahrzehnten sehr bald, dass man mit derart unbestimmten Rechtsbegriffen auf so abstrakter Metaebene eine faktische Verwirklichung von Brüderlichkeit im Sinne von Gesellschaftssolidarität kaum erreichen kann. Was allerdings konkret erst bei den zu bewältigenden Hindernissen im folgenden Jahrhundert mit dem Beginn der industriellen Revolution und der damit einhergehenden kapitalistischen Ausbeutung der arbeitenden Bevölkerung deutlich wurde. Durch das so hervorgerufene soziale Elend in den ersten Industriestaaten wurde zugleich sichtbar, dass Freiheit für alle nur bei gesellschaftssolidarischer Absicherung eines jeden Bürgers möglich ist. Nur sind wir von Letzterem nicht nur in den heutigen Autokratien, sondern selbst in nahezu allen Demokratien und diesbezüglich allen voran in den zur Plutokratie entarteten USA aber auch dem sich euphemistisch Sozialstaat nennenden Deutschland weit entfernt. Rückblickend beweist die Bedeutsamkeit des bereits oben Angedeuteten, nämlich dass eine enge Wechselbeziehung zwischen Freiheit und Brüderlichkeit besteht. Ohne gesellschaftssolidarische Brüderlichkeit keine Freiheit für Alle, sondern letztendlich nur für die Reichen. Ohne genügend freie Menschen aber wiederum keine Gesellschaftssolidarität.

2.2 Wegmarken zur Ganzheitlichkeit

Dass eine heilsame Zukunft für die gesamte Menschheit nur im Wege eines ganzheitlichen Umsetzungsbemühens für die Revolutionslosung erreichbar ist, das dürften zumindest die einflussreichsten Revolutionsvordenker schon damals zumindest erahnt haben. Nur aus dieser festen Überzeugung gelang es ihnen, rund 47.000 Angehörige der 1200 Logen, die dem Dachverband der 1773 gegründeten Großloge „Grand Orient de France" angehörten, noch vor Revolutionsbeginn auf ihre geniale Losungsformel einzuschwören. Deren oft untergründiger Überzeugungsarbeit ist es zu danken, dass sich für diese Losung immer mehr prominente Politiker Frankreichs einsetzten. So geschah dies besonders öffentlichkeitswirksamen über die Rede von Robespierre vor der Konstituante im Dezember 1790. Diese wurde im ganzen Land bekannt und gerade in den Jakobinerclubs eifrig gelesen. Über weitere prominente Losungsbewerber bestärkt hielt schließlich 1793 die Pariser Stadtverwaltung die Zeit für reif, ihre Hausbesitzer aufzufordern, die Inschrift „Freiheit, Gleichheit, Brüderlichkeit" auf alle Wohnhäuser zu malen. Auch in anderen Städten Frankreichs begann man daraufhin, die besagte Formel in die Fassade der öffentlichen Gebäude und sogar Kirchen einzumeißeln (Gersman 2012, S. 570 f.).

Mit nicht wenigen sehe ich in obiger Revolutionslosung auch eine sprachkünstlerische Komposition von hoch inspirierter, tiefgründiger Sinnhaftigkeit, vor allem umfassend die wesentlichen Kernpunkte für zukunftstragende Weiterentwicklungen zu einer wirklich durchchristeten, das heißt auch freilassenden Gesellschaft. Denn nach dem Willen des kosmischen Christus soll jede Individualität völlig frei über ihr Ja oder Nein zur Christusnachfolge entscheiden können. Dies erfordert auch Unabhängigkeit von irgendwelchen religiösen Konventionen und Traditionen, weshalb in Frankreich und zuvor schon in den USA zu Recht eine strikte Trennung von Kirche und Staat verfügt wurde.

Für ein freies wie auch ganzheitliches Zusammendenken der Revolutionslosung kommt es neben solchen Voraussetzungen auch entscheidend darauf an, die wechselseitigen Verflechtungen von Freiheit und Brüderlichkeit funktional zusammen zu denken. Nur erwiesen sich die meisten Menschen für dieses Zusammendenken bis heute überfordert. So blieb die Schaffung systemischer Freiheit bei gleichzeitiger Brüderlichkeit bis heute ein unerfülltes Vermächtnis.

2.3 Unerfüllte Vermächtnisse auch nach der 48/49er-Nachfolgerevolution

Schon vor gut 200 Jahren sagte Goethe: „Wo viel Licht, da ist auch sehr viel Schatten." Auf die Französische Revolution bezogen kann man sagen: Der lichten Revolutionslosung folgte nach Anfangserfolgen alsbald sehr viel Finsteres, nämlich in Gestalt der von dem österreichischen Kanzler Metternich maßgeblich inspirierten Restauration sowohl für Frankreich als auch Mitteleuropa. Mit der Restauration wurde ab 1819 das die napoleonische Epoche überlebende Revolutionsideal eines freien Bürgers schlagartig von dessen Gegenbild abgelöst. Nämlich dem eines obrigkeitsfolgsamen Untertanen und dies vor allem in deutschsprachigen Regionen. Die diesbezügliche Umerziehung der dortigen Bevölkerung geschah über den perfiden Einsatz von Verhaltensobservierung, erkaufter Denunziation, Pressezensur und Inhaftierung sowie teilweise sogar Folterung unbotmäßiger Bürger. Eine Art Terrorregime von reaktionären Monarchen- und Fürsten also, welches erst mit der 1848er-Märzrevolution wenigstens in Frankreich hinweggefegt wurde.

Sodann sprang von Frankreich aus der wiederentzündete Revolutionsfunke über die seinerzeit in Paris lebende, deutschsprachige Kolonie nach Baden und schließlich von dort weiter auf alle deutschsprachigen Länder wie auch Nachbarstaaten über. Als eine Art intellektuelle Keimzelle für diesen Verbreitungsprozess wirkten die deutschsprachigen Internationalisten in Frankreich. Zu ihnen gehörten als deren Anführer so berühmte Schriftsteller wie Heinrich Heine und Georg Herwig. Ferner als weitere Leuchttürme der spätere Revolutionsanführer Robert Blum, der Künstler Richard Wagner sowie der Schriftsteller Theodor Fontane und, nicht zu vergessen, der bekannte russische Hegel-Schüler und Philosoph Michael Bakunin. Deren Impulse nahmen am tatkräftigsten die Badener Demokraten über deren Anführer Friedrich Hecker und Gustav Struve auf. Diese stellten bereits im Frühjahr 1848 sogenannte „13 Forderungen des Volkes" auf. In diesen griffen sie wie bereits vor ihnen Emma Herwig die Kernelemente der ursprünglichen Revolutionslosung mit dem bemerkenswerten Versuch einer praktischen Synthese von

Freiheit und Brüderlichkeit auf. Sie forderten deshalb eine sowohl demokratische als auch soziale Republik. Diese Forderung trugen sie 13-fach ausdifferenziert und rhetorisch wirkungsvoll mit ihrer Selbstermächtigung „Wir verlangen …" vor, dies u. a. für:

- das unveräußerliche Recht des menschlichen Geistes, seine Gedanken „unverstümmelt mitzuteilen", einschließlich der Pressefreiheit;
- Religions- und Lehrfreiheit sowie Trennung von Kirche und Staat;
- Koalitions- sowie Versammlungsfreiheit sowie das Recht jedes Einzelnen, sich zu „ernähren" (Forderung nach sogenannter „physischer Freiheit");
- Ausgleich des Missverhältnisses zwischen Arbeit und Kapital;
- gerechte Besteuerung mit progressiver Einkommensteuer (Langewiesche 1998, S. 6).

Wohlgemerkt: Diesen auch das Prinzip der „Brüderlichkeit" vorbildlich integrierenden und ausdifferenzierenden Forderungskatalog vertraten in der 48er-Folgerevolution für deutschsprachige Länder lediglich die sogenannten „Demokraten". Deren Ziele entsprachen weitestgehend denen der oben bereits erwähnten Internationalisten in Frankreich, keinesfalls aber dem viel engeren Forderungskatalog des Gros der sogenannten „Liberalen" in Deutschland. In deren Freiheits-Katalog kann man bestenfalls noch einen Torso der ursprünglichen Revolutionslosung erkennen, wodurch sich bereits damals eine tiefgehende und folgenreiche Bewegungsaufspaltung abzeichnete, nämlich zwischen den die Neubelebung aller Losungsimpulse der Großen Französischen Revolution weiterverfolgenden Demokraten und den diese auf einen Torso verzwergenden „Liberalen". Die Abspaltung der Demokraten hatte allerdings für mache Anführer der Demokraten und von diesen besonders die in Baden äußerst blutige Konsequenzen (Bong 2022, S. 106 ff.).

Rückblickend betrachtet lässt sich bereits an dieser Stelle mit Blick auf den eigentlichen Fokus dieses Buches feststellen:

- Die Große Französische Revolution bedeutet wegen ihrer so genialen Losung für die Moderne deren wohl weitestreichenden Epochenwandel; einen Kulminationsereignis der Aufklärung also.
- Dieser Epochenwandel wirkte trotz teilweiser Rückabwicklung in der Restitutionsphase freiheitinspirierend fort. Dies geschah schubweise mit und nach der 48/49er-Folgerevolution mit mehr Selbstbestimmungsrechten, verbesserter Bürgergleichstellungen sowie Ansätzen zu Stimm-, Rassen- und Geschlechtergleichberechtigungen.
- Jedoch zeigte es sich schon in der 48/49er-Folgerevolution, wie schwer es gerade führenden Politikern fällt, die Revolutionslosung in ihrer epochalen Dimension und Ganzheitlichkeit wirklich zu begreifen. Das galt besonders für die praktische Implementierung der „Brüderlichkeit", die man heute als „Geschwisterlichkeit" und noch konkreter als Gesellschaftssolidarität bezeichnen sollte.

All das hat für die gesamte Menschheitsentwicklung bis heute unerfüllte Vermächtnisse hinterlassen. Es ist beeindruckend, wie unterschiedlich dies selbst namhafte Historiker erkennen können bzw. wollen. Das zeigen z. B. die extremen Blickabweichungen auf die 48/49er-Folgerevolution zwischen dem ehemaligen Verleger des S. Fischer Verlags Jörg Bong einerseits und dem Oxforder Historiker Christopher Clerk andererseits. Jong hat die von mir oben angesprochene Bedeutung des solidarischen und damit sozialen Vermächtnisses der 1789er-Revolution klar erkannt und prominent herausgestellt. Vor allem hat er das tragische Schicksal der vorgenannten Demokraten in der 48/49er-Folgerevolution eindrucksvoll zum Ausdruck gebracht. Ganz anders dagegen Clerk, der die oben geschilderten „Demokraten" schlicht „Radikale" nennt. Im Übrigen sieht Clerk in seinem mehr als tausend Seiten umfassenden Buch über die 48/49er-Revolution Letztere gar nicht als Folgerevolution der Großen Französischen Revolution an. Vielmehr wie schon der Titel seines Buches „Revolutionsfrühling" besagt, als rein singuläres Ereignis (Clerk 2023, S. 670 ff.).

2.4 Libertäre und radikalsozialistische Losungsverdrängungen

Das bis heute fehlgehende Zusammendenken der Revolutionslosung führe ich auch auf mythologische Verdrängungseinflüsse auf dieselbe zurück. Als am wirksamsten werte ich davon im heutigen Rückblick die von dem Moraltheologen Adam Smith in die Welt gesetzten libertären Mythen, gefolgt von radikalsozialistischen Heilslehren. Als deren Folge zeichnete sich schon in der 48/49er-Folgerevolution und insbesondere danach Folgendes ab:

- Zum einen die Verengung der Losungseinforderungen auf lediglich bestimmte Freiheits- und Rechtsgleichstellungsrechte. Der Begriff Brüderlichkeit als Voraussetzung von **Freiheit für alle** tauchte schon in den Freiheitsdiskursen der zweiten Hälfte des 19. Jahrhunderts immer seltener auf, insbesondere bei jenen nicht, die die ursprünglichen Losungsziele auf demokratischem Wege zu erreichen versuchten.

- Erst recht aber nicht seitens der ab Mitte des 19. Jahrhunderts an Einfluss gewinnenden Radikalsozialisten mit marxistisch-leninistischer Klassenorientierung. Diesen ging es nicht um demokratisch verankerte Brüderlichkeit und schon gar nicht um individuelle Freiheitsrechte. Vielmehr um systemisch erzwungene Gesellschaftssolidarität durch eine angeblich nur vorübergehenden Diktatur des Proletariats.

Über erste Wegabzweigungen in Richtung des erstgenannten Punktes habe ich schon oben aus dem Buch von Bong, „Flamme der Freiheit", zitiert, nämlich die Tatsache, dass bereits während der 48/49er-Folgerevolution die Forderungen der deutschsprachigen „Demokraten" nach gesellschaftssolidarischer, „physischer Freiheit" vollständig versandeten und dass am Ende auch viele der sie einfordernden Demokraten im wahrsten Sinne des Wortes „unter die Räder kamen". Das lag letztendlich an einer unheiligen Allianz zwischen denen, die reich an Vermögen und Privilegien waren, und jenen, denen es primär um eine ungehinderte Vermögensmehrung über Märkte ohne staatliche Umverteilungen ging. Erstere rechnete man schon während der 48/49er-Folgerevolution zu den Aristokraten bzw. Konservativen; Letztere dagegen zu den Liberalen. Deren Gros setzte sich bezeichnenderweise auch primär für unbeschränkte Koalitions- bzw. Gewerbefreiheit ein. Weiterhin – dies aber weniger entschieden – setzten sie sich für eine unbeschränkte Rede- und Pressefreiheit und noch viel weniger für klassenunabhängige und gleiche Wahlrechte ein. Empathie für die von Massenarmut betroffenen Industriearbeiter und die vielen sonstigen Armutsgefährdeten, geschweige denn ein Engagement für die Beseitigung dieses Elends war in diesen Kreisen kaum anzutreffen. Für diese gehörten Erstere eher zu einem zwar bedauernswerten, aber letztendlich vernachlässigbaren Plebs. Dagegen waren ihnen

Eigentumsrechte und Erbberechtigungen stets sakrosankt. Hinsichtlich ihres diesbezüglichen Besitzwahrungs- und auf solchem beruhenden Dynastieschutzinteresses stimmten sowohl Liberale als auch Konservative weitgehend überein. Wer aber an diesem Besitz- und Vererbungsschutz zugunsten von Industriearbeitern wie auch Armutsbedrohten irgendwie rütteln wollte, den hielten sowohl Konservative als auch die meisten Liberalen nicht nur für radikal, sondern oftmals sogar für einen staatsgefährdenden Revoluzzer bzw. Anarchisten. Demokraten wurden also mit den gerade an Bekanntheit gewinnenden Radikalsozialsten bzw. Marxisten von den Liberalen in einen Topf geworfen. Erst recht beurteilten das so die Aristokraten.

2.4.1 Libertäre Solidaritätsverdrängungen

Mit ihrem Einstehen für Eigentums- und Erbrechtsabsicherungen konnten sich die ansonsten fortschrittsaufgeschlossenen Liberalen auf einflussreiche Stimmen der rasch an Bedeutung gewinnenden Wirtschaftswissenschaften berufen, allen voran auf die der ökonomischen Klassiker Adam Smith und David Ricardo. Am nachhaltigsten von beiden sollten sich die angeblich „gemeinwohlfördernden", mythologischen Thesensetzungen von Adam Smith durchsetzen. Nach diesen brauchte es gar nicht weiterer Veredelungen des Menschen, wie dies von den losungsüberzeugten deutschen Klassikern angestrebt wurde. Vielmehr reichte für die Herbeiführung allgemeinen Wohlergehens bereits das Zauberinstrument „freie Märkte". Denn, so argumentierte Adam Smith: „Da nun der Zweck jeder Kapitalanlage Gewinnerzielung ist, so wenden sich die Kapitalisten den rentablen Anlagen zu, d. h. denjenigen, in denen die höchsten Gewinne erzielt werden. Indirekt wird aber auf diese Weise auch die Produktivität der Volkswirtschaft am besten gefördert. Jeder glaubt, nur sein eigenes Interesse im Auge zu haben; tatsächlich aber erfährt so auch das Gesamtwohl der Volkswirtschaft **die beste Förderung** ... Verfolgt er nämlich sein **eigenes Interesse**, so **fördert** er damit **das Gemeinwohl viel nachhaltiger, als wenn das Gesamtinteresse unmittelbar** sein **Ziel gewesen wäre. Ich habe nie viel Gutes von denen gesehen, die angeblich für das Allgemeine tätig waren.** Welche Kapitalanlage wirklich die vorteilhafteste ist, das kann jeder Einzelne besser beurteilen als etwa der Staat oder eine sonst übergeordnete Instanz." (Treue und Mangold o. J., S. 163).

Smith schrieb die zitierten Sätze im Jahre 1776, also noch rund 13 Jahre vor Ausbruch der Großen Französischen Revolution. Sie verbreiteten sich trotz dieser aber mit der Industrialisierung in Großbritannien als Antithese zur Brüderlichkeit. Dies, obwohl Smith als Moraltheologe durchaus die Wichtigkeit von Tugendhaftigkeit betonte; für die Leser seiner Werke gerieten jedoch die dortigen Tugendhaftigkeit-Einforderungen durch seine viel aufsehenerregendere und eingängige Marktmythologie leicht in Vergessenheit. Was deshalb bei allen haften blieb, waren seine obigen Wohlfahrtsversprechen allein aufgrund der unsichtbaren Hand eben dieser „freien Märkte". Diesem mit religiöser Weihe umhüllten Wunderglauben folgte nicht nur der mathematisch so begabte Ricardo, sondern mit weiter perfektionierten mathematisierten Theorieeinfassungen ganze Generationen von Nachfolgerökonomen. Sie alle berauschten sich mehr oder weniger unkritisch an der nie bewiesenen Unterstellung, dass Eigennützigkeit im Wirtschaftsleben durchaus wohlstandsspendend im Sinne von für alle heilsam sein könne. So lautete im Kern die sich als Libertarismus bezeichnende Ideologie.

Die libertäre Praxis offenbarte sich alsbald in ganz anderem Licht. Nämlich vor allem dadurch, dass man den Menschen wirtschaftlich als Ware ansah und so einer egomanen Unternehmerwillkür aussetzte. Aus dieser verhängnisvoll fehlgeleiteten Anschauung heraus konnte durch die Industrialisierung das zu Recht beklagte Massenelend einer als Proletariat bezeichneten Bevölkerungsgruppe überhaupt erst entstehen. Für Proletarier entpuppten sich die sogenannten „Arbeitsmärkte“ als wahre Verelendungsfalle, insbesondere für die Bergarbeiter und deren Kinder. Letztere mussten massenhaft unter unwürdigsten Bedingungen arbeiten. Viele von ihnen sahen wochenlang in oftmals gebückter Haltung kein Tageslicht, und das alles bei Hungerlöhnen auch für ihre Eltern. Die so Ausgebeuteten mussten demnach nicht nur ihre Arbeitsleistung, sondern wirtschaftlich betrachtet auch sich selbst an den Unternehmer auf Gedeih und Verderb verkaufen. Das aber galt nicht nur für die Arbeiter in den Kohlegruben, sondern auch für die in den Textilfabriken, Stahlwerken und sonstigen Fabriken. Hier herrschte bis zur Mitte des 19. Jahrhunderts ein mehr oder weniger ausgeprägtes Sozialelend bei bestenfalls Subsistenzlöhnen. Die dadurch ausgelösten Protestbewegungen kulminierten 1819 auf dem St. Peters Field in England, wo rund 100.000 Menschen zu einer friedlichen Demonstration gegen ihre Sozialausbeutung zusammenkamen. Plötzlich wurden sie jedoch von einer vermutlich durch Fabrikanten finanzierten Bürgergarde mit Schusswaffen attackiert. Dabei kam es zu elf Toten und 200 Schwerverletzten (FN 136, 137, Marx Karl, 137; siehe hierzu Mather, Ruth (2014), The Peterloo Massacre,in :victorians articles).

2.4.2 Radikalsozialistische Gegenbewegungen

Die Sozialverwerfungen, die durch puren Libertarismus im Wege eines Manchester-Kapitalismus allen sich industrialisierenden Ländern drohten, riefen weniger in dem industriell am weitesten fortgeschrittenen Großbritannien als vielmehr in Frankreich und vor allem in deutschsprachigen Ländern entschiedene Kapitalismusgegner auf den Plan. Wie schon oben angedeutet vor allem durch den nach der 48/49er-Folgerevolution durch seine agitatorisch-philosophischen Wirtschaftstheorien weltberühmt gewordenen Karl Marx. Dieser erkannte sehr wohl die Schattenseiten der, wie er sie nannte, bürgerlichen Ökonomie und damit auch des Libertarismus, nämlich die Tatsache, dass diese nicht nur Märkte für Produktions- und Dienstleistungsprodukte, also solche für Güter propagiert. Er kritisierte vor allem die menschlichen „Entfremdungen", die dieses System auf Menschen mittels sogenannter „Arbeitsmärkte" erzeugt, was nach ihm ja bedeutet: Der Lohnarbeitende wird selbst zur Ware. Nach Marx bedeutet dies laut seinem erstmals 1844 veröffentlichten Manuskript „Nationalökonomie und Philosophie" wie auch dem 1847 verbreiteten „Kommunistischen Manifest":

- „Der Proletarier wird durch den Kapitalisten in den Zustand einer schlichten Ware transformiert und dadurch sich selbst entfremdet.
- Infolge seiner gesellschaftlichen Entfremdung muss der Proletarier sich als Ware und damit sich selbst verkaufen."
- Dieses wertet Marx wiederum als „völligen Verlust seines Menschseins" (Landshut und Negt 2004, S. 26 ff.).

Mit diesen Thesen traf Marx auch rückblickend betrachtet durchaus den Kern von Wegverfehlungen durch die marktmythologischen Verführungen von Adam Smith und Ricardo wie des Libertarismus überhaupt. Nur unterließ Marx es zeitlebens, solche Fehlabweichungen vom Dreiklang der Französischen Revolutionsideale her zu heilen, vor allem über Freiheit und Brüderlichkeit im Rahmen eines systemischen Gegenentwurfs mit den damaligen Gesellschaftsverhältnissen neu zusammen zu denken. Denn ein solches Unterfangen erschien ihm wie auch die Universalienforderungen der Französischen Revolution schon aufgrund seiner materialistisch-atheistischen Geschichtsdeutung als viel zu idealistisch und damit für ihn illusionär. Für Marx waren nicht spirituell inspirierte Vernunftideale der Motor der Menschheitsgeschichte, sondern stets nur materiell geprägte „Klassenkämpfe". Diese würden sich nach seiner Historiendeutung in jedem Geschichtszyklus aufs Neue wiederholen infolge einer „Ausbeutung des Menschen durch den Menschen". Das gelte es durch die endgültige „Aufhebung des Verhältnisses von Herr und Knecht", nämlich durch den „wahren Kommunismus", schnellstmöglich und, wie er meinte, zugleich endgültig zu beenden. Dies habe durch vollständige Enteignung des Kapitaleigentums über eine Verstaatlichung aller Produktionsmittel zu geschehen.

Obwohl Marx einen kommunistischen Systemwandel als geschichtliche Gesetzmäßigkeit betrachtete, wollte er dennoch diesen Zeitpunkt nicht einfach abwarten und seine Hände in den Schoß legen. Vielmehr arbeitete er unermüdlich mit bemerkenswertem Fleiß an der Beschleunigung seiner ehrgeizigen Umsturzziele. Dazu gehörten auch seine wissenschaftlichen Studien zur politischen Ökonomie. Das Ergebnis seiner dazu entwickelten Wachstumstheorien bestand in der Vorhersage eines Zusammenbruchs des Kapitalismus auch aus Gründen des unvermeidlichen „Falls der Profitrate" (Marx 1971). Bei vielen seinerzeit politisch Interessierten weckten diese Werke von Marx ernsthafte Zweifel an der Überlebensfähigkeit der damals libertär-kapitalistischen Systeme. Jedenfalls trug Marx durch sein Engagement maßgeblich dazu bei, die von seinen Anhängern sogenannte „soziale Frage" in den Rang einer gegen Ende des 19. Jahrhunderts zentralen Systemhinterfragung voranzutreiben.

Was jedoch selbst viele überzeugte Sozialisten an Marx und seinen Umsturzplänen zweifeln ließ, das war dessen Forderung einer – wenn auch, wie er betonte, nur einmaligen und kurz währenden – „Diktatur des Proletariats". Besonders der Möglichkeit einer solchen Einmaligkeit widersprach der Marx über Jahrzehnte in Hassliebe verbundene russische Philosoph Michael Bakunin schon in den 1870er-Jahren mehrfach energisch. Er soll Marx diesbezüglich u. a. gesagt haben: „Sie versichern, dass allein die Diktatur, natürlich die Ihre, die Freiheit des Volkes schaffen kann; wir dagegen behaupten, dass eine Diktatur kein andres Ziel haben kann als nur das eine, sich zu verewigen, und das Volk, das sie erträgt, nur Sklaverei zeugen und nähren kann" (Bakunin 1999). Ferner soll Bakunin gesagt haben, dass marxistische Diktaturen nur **über** das Proletariat, **nicht durch** das Proletariat enden können. Bakunin sollte, wie wir inzwischen alle wissen, vollumfänglich Recht behalten.

2.4.3 Übriggebliebene Kämpfer für die Revolutionslosung

Die beträchtliche Ablenkungswirkung weg vom Losungskernziel einer Freiheit für alle durch den Radikalsozialismus einerseits sowie die zuvor skizzierte libertäre Weltbewegung andererseits, hat wie angedeutet auch mystische und darüber hinaus religiös verbrämte Verursachungen. Durch all dies hat der anfängliche Enthusiasmus für die Umsetzung der Revolutionslosung schon ab Mitte des 19. Jahrhunderts beträchtlich abgenommen. Zu den wenigen der nach der 48/49er-Folgerevolution verbliebenen Kämpfer für diese Losung zählte in den deutschsprachigen Ländern an herausragender Stelle Ferdinand Lassalle. Dieser spornte schon bei seiner am 23. Mai 1863 organisierten Gründung der Allgemeinen Deutschen Arbeiterpartei (ADAV) die Anwesenden mit seinem erweiterten Losungsleitspruch „Freiheit, Gleichheit, Brüderlichkeit – Einigkeit macht stark" an. Hierfür griff er auf den von Stephan Born 1848 propagierten Vorschlag zurück, Produktivassoziationen finanziert über Staatskredite aufzubauen. Dazu sagte Lassalle: „Die sittliche Idee des Arbeiterstandes ist die, dass die … freie Betätigung der individuellen Kräfte … noch nicht ausreiche, sondern dass (mit einem demokratischen) Gemeinwesen noch hinzutreten müsse die Solidarität der Interessen, die Gemeinsamkeit und gegenseitige Entwicklung" (Lassalle 1923). Durch das Miteigentum der Arbeiter an genossenschaftlich organisierten Assoziationen sollten deren Beschäftigten über ihren individuellen Lohn/Gehalt hinaus der wesentliche Restgewinn zufließen. Damit würde sich der Arbeiter nicht mehr wie bisher über die sogenannten Arbeitsmärkte als Ware verkaufen müssen. Insoweit traf Lassalle den Kern der damals wie auch heute noch unerfüllten Synthese von Freiheit und Brüderlichkeit Leider war es Lassalle wegen seines durch ein Duell in den USA verursachten frühen Todes im Jahre 1866 nicht vergönnt, seine doch so weisen wie auch zukunftsweisenden Ansätze weiter umzusetzen. Dies gelang auch nicht seinem Vorstandsnachfolger im ADAV und der daraus hervorgehenden SPD, August Bebel. Dieser begann sich ab Ende der 1860er-Jahre von einem Lassalle-Verehrer zu einem – zunächst verdeckten – Marx-Anhänger zu wandeln. Dadurch unterlagen bis zum Ersten Weltkrieg die Reformvorstellungen Lassalles der von Bebel im marxschen Sinne unterstützten Erwartungshaltung auf revolutionäre Veränderungen. Diesbezüglich herrschte eine ideologische Patt-Situation zwischen Marxisten und (ehemaligen) Lassalle-Anhängern wie E. David und Eduard Bernstein. Das führte letztendlich zu Handlungslähmungen innerhalb der SPD. Deren für sie ursprünglich einmal richtungsweisende Revolutionslosung geriet dadurch, dies noch verstärkt durch das erlahmende Interesse bei den Liberalen, bis zum Ersten Weltkrieg im Deutschen Reich immer mehr in Vergessenheit.

2.5 Die einzig Deutsche Revolution scheitert an Verrat und unzureichendem Freiheitsbewusstsein

Der aus heutiger Sicht letzte Versuch, doch noch im Sinne der Revolutionslosung eine Trendumkehr in Richtung einer Synthese von Freiheit und Brüderlichkeit zu erreichen, ging unmittelbar nach dem Ende des Ersten Weltkrieg vom besiegten Deutschland aus. Diesen Versuch unterstützte damals anfänglich eine anthroposophisch orientierte Unternehmergruppierung nach einer von Rudolf Steiner erarbeiteten Reformkonzeption. Letztere nannte Steiner eine „Dreigliederung des sozialen Organismus". Dies Konzept verwendete die Französische Revolutionslosung als Grundgerüst aber dieses weiterführend, wie er sagte, mit dem Versuch, die Gesellschaft „ganz neu zu denken". Sein Denkergebnis bestand in der Einforderung einer funktionalen Neuordnung der bis dahin nach seinen Worten dominierenden „Einheitsstaaten". Diese sollten bezüglich ihrer hoheitlichen Funktionen nach dem Gleichheitsprinzip der Revolutionslosung zu einem reinen Rechtsstaat für die Aufrechterhaltung von innerer und äußerer Sicherheit verschlankt werden. Daneben aber, und das war das eigentlich Neue, sollte nach dem Prinzip der Freiheit einerseits und der Brüderlichkeit andererseits eine bis dahin allenfalls in Teilen durch Wilhelm von Humboldt angedachte Systemdifferenzierung vorgenommen werden. So sollte ein „Freies Geistesleben" die Freisetzung bisher verschütteter Initiativ- und Kreativpotenziale ermöglichen und dafür vollständig von wirtschaftlichen wie auch staatlichen Beeinflussungen befreites „freies Geistesleben" befreit werden. Dies weit über die seinerzeit durch Wilhelm von Humboldt geforderten Freiheit von Forschung und Lehre hinausreichend. Dafür schuf Steiner 1919 durch Gründung der ersten „Freien Waldorfschule" ein erstes praktisches Vorbild für ein von staatlichen Richtliniengängelungen befreites Unterrichtswesen.

Als Gegenpol aber auch Hauptfinanzier dieses freien Geistesleben propagierte Steiner ein „assoziatives Wirtschaftsleben". Letzteres wie angedeutet nach den Prinzipien wahrer Brüderlichkeit im Sinne von Gesellschaftssolidarität. Dafür übernahm Steiner gewisse Elemente des lassalleschen Assoziationskonzepts. Allerdings ging Steiner systemisch sehr viel weiter als Lassalle. Denn Steiner wollte letztendlich für jeden Bürger und jede Bürgerin eine vollständige Trennung von Arbeit und Einkommen erreichen. Dafür bedurfte es implizit, ohne dass Steiner dazu Einzelheiten ausführte, einer individuellen Einkommenssicherung für alle, die im Wesentlichen aus den in den Assoziationen generierten Wertschöpfungen darzustellen waren .... So sollte letztendlich aus der bisherigen „Tauschgesellschaft" eine „Gemeingesellschaft" entstehen (Schmelzer 1991, S. 71 ff.).

2.5.1 Rätesozialisierungen des Produktivvermögens als Dreigliederungsvoraussetzung

Für die Umsetzung einer so umfassenden und revolutionären Systemwandlungskonzeption wie Steiners obige Dreigliederungsvorstellungen sah dieser als einen der wesentliche, potenzielle Anknüpfungspunkt das Wandlungs-Momentum der damalige Betriebsrätebewegung. Letztere war ja nach Abschluss des Friedensvertrags im November 1918 als Teil der deutschen Rätebewegung entstanden, die sich als Antipode gegen die überkommenen feudalen Herrschaftsstrukturen einschließlich dem Militarismus preußischer Provenienz verstand. Zu den wesentlichen Zielen der

Rätebewegung gehörte eine Sozialisierung der feudal-kapitalistischen Wirtschaftsstruktur Deutschlands. Ob das per Reform oder eben doch gewaltsam über revolutionäre Enteignungen geschehen sollte, darüber herrschten Ende 1918 und Anfang 1919 bei den Rädelsführern abweichende Auffassungen. Das galt insbesondere für die diese Bewegungen unterstützenden Parteien. Zu deren zumindest deklaratorischen Unterstützern gehörten ganz am Anfang noch SPD-Mehrheiten. Diese wurden allerdings schon Ende 1918 durch abgefeimte Heimtücke von deren Parteiführer, nämlich dem ersten Nachkriegs-Reichskanzler Friederich Ebert, systematisch unterhöhlt. Dieser erweckte zwar zusammen mit seinem engsten Unterstützer Scheidemann bis Ende 1918 den Anschein, als wolle er sich auf die allein seine Regierungsverantwortung sicherstellenden Rätebewegungen stützen. Nur arbeitete Ebert in Wirklichkeit mit atemberaubender, konspirativer Heimtücke ab November 1918 mit dem damaligen Generalquartiermeister in der Obersten Heeresleitung (OHL), General Ludendorff, zusammen. Mit und für diesen gelang es Ebert Schritt für Schritt ab Frühjahr 1919 in Partnerschaft auch mit Generalfeldmarschall Hindenburg die Rätebewegung über die von Eberts „Bluthund" Noske aufgehetzten Freikorps zu liquidieren …. Die so durch diese massakrierten, wehrlosen Zivilisten einschließlich der in der „Roten Armee" Bayerns Gefallenen werden auf weit über 3000 Tote geschätzt (Haffner 2018, S. 174–211).

Ganz anders hingegen tickte damals noch die Parteiführung der USPD samt deren Mitgliedermehrheiten. Dies galt selbst nach Abspaltung der KPD Anfang 1919 aus ihren Reihen. Im Gegensatz zur SPD hielt die USPD, wenn auch unentschlossen, an einem grundsätzlichen Sozialisierungskurs fest. Auch private Eigentumsrechte am Produktivvermögen standen bei ihr zur Disposition. Darauf stützte sich auch die das Jahr 2019 überdauernde Betriebsrätebewegung.

Auf Letztere wiederum versuchte sich Steiner sowie die erstmals im März 1919 der deutschen und württembergischen Öffentlichkeit vorgestellte „Dreigliederungsbewegung" zu stützen. Denn ohne die oben angedeutete Ablösung der bisherigen privatkapitalistischen Wirtschaftsverfassung durch eine assoziative Sozialisierung derselben waren Steiners Dreigliederungsvorstellungen nicht umzusetzen. Dies schien noch zu Beginn des Frühjahrs 1919 in dem damals zwar politisch aufgeheizten, aber im Gegensatz zum östlich liegenden Bayern wie auch den nördlichen Zonen des Deutschen Reiches immer noch friedlichen Baden und Württemberg grundsätzlich möglich zu sein.

2.5.2 Jugendliche Akzeptanz und dogmenverhaftete Ignoranz

Mit dem Paukenschlag eines **„Aufrufs an das deutsche Volk und an die Kulturwelt"** durch Presseveröffentlichungen und diverse Rundschreiben begann Steiner über mehrere ihn unterstützende Arbeitskreise seine oben skizzierten Ideen in verdichteter Form in Universitäten sowie Unternehmer samt Arbeiter- und Gewerkschaftskreise des Landes bekannt zu machen. Dies geschah Mitte März 1919. In einem weiteren Schritt wurde am 21. März 1919 der „Bund für Dreigliederung des sozialen Organismus" gegründet. Über diesen wurde eine Reihe von eng getakteten Arbeiterversammlungen im April 1919 im jeweils überfüllten Gustav-Stiegler-Haus in Stuttgart durchgeführt. Dem folgten Vorträge von Steiner vor den Arbeiter- und Angestelltenausschüssen der versammelten Belegschaften der Firmen Robert Bosch, den Daimler-Werken in Untertürkheim, der Delmonte-Kartonagefabrik und den Arbeitern der Esslinger Großbetriebe mit insgesamt mehr als 10.000 Versammlungsteilnehmern. All diese Versammlungen entzündeten bei den Zuhörern breite Zustimmung zu den Dreigliederungsvisionen Steiners. Das lag nicht zuletzt an Steiners Redekunst und daran, dass Steiner sich wie kaum ein anderer auf das jeweilige Niveau seiner Zuhörer einstellen und sich ihrer Sprache zu bedienen wusste (Kühn 1978, S. 21 ff.). Mit diesen Fähigkeiten hatte Steiner zunächst einen durchschlagenden Erfolg bei unverbildeten, aber doch schon an der sozialen Frage interessierten Jugendlichen.

Anders jedoch als bei den sozial interessierten jungen Arbeitern und Angestellten verhielt es sich mit deren Funktionärsanführern in den württembergischen Gewerkschaften und dem württembergischen Landesverband der USPD. Vor allem die Führer der USPD wollten innerhalb Württembergs ihre Deutungshoheit über einen Sozialismus in Deutschland bewahren. Sie empfanden den großen Anklang, den die steinerschen Dreigliederungsideen bei den württembergischen Belegschaftsangehörigen bei regelrechter Ausbreitung der Dreigliederungsbewegung fanden, als Bedrohung ihrer Machtposition. Deshalb ließ die Parteiführung der württembergischen USPD am 5. Juni 1919 verlautbaren: „Die Lehren Steiners versprächen ein Himmelreich, täuschten aber den Arbeiter über seine Klassenlage hinweg und könnten ihn nicht von Ausbeutung und Lohnsklaverei bewahren. Ein befreiender Marxismus im Sinne der Partei sei das nicht" (Schmelzer 1991, S. 207 f.).

2.5.3 Erkenntnis- und Willensschwächen verhinderten eine Katharsis

Es waren aber nicht nur die Gewerkschafts- und sozialistischen Parteiführer Württembergs, die ab Sommer 1919 eine weitere Ausbreitung von Steiners Dreigliederungsbewegung zu verhindern trachteten. Vielmehr trug auch das allmähliche Wiedererstarken von reaktionär geprägtem

Streben nach Besitzstandswahrung im Kreis einflussreicher Unternehmer dazu bei. Denn diese begannen zu erkennen, dass die voranschreitende Massakrierung der Rätebewegungen akute Sozialisierungsgefahren für ihre Unternehmen unwahrscheinlich machte. Und deshalb waren viele württembergische Unternehmen ab Sommer 1919 nicht mehr bereit, in ihren Betrieben Informationsveranstaltungen des Bundes für Dreigliederung weiter zu dulden. Dies beschleunigte auch zumindest indirekt das Ende der bis dahin einflussreichen Betriebsrätebewegung im Jahre 1920 in Württemberg.

So kam Steiner im Spätsommer 1919 nicht mehr umhin, das Scheitern der Dreigliederungsbewegung zu akzeptieren. Das wiederum lag für ihn nicht nur am Widerstand von engstirnigen USPD-Funktionären und reaktionären Unternehmerkreisen, sondern, wie Steiners Mitstreiter Hans kühn dies formulierte, auch daran, dass die bürgerlichen Kreise Deutschlands insgesamt nicht erkennen wollten oder vermochten, „was die Stunde geschlagen hatte". Gerade diese Erfahrung musste auch Steiner bei seinen Dreigliederungsvorträgen Anfang Juni 1919 an der Universität Tübingen machen, wo beide feststellten: „Von allen Bevölkerungskreisen hat das Akademikertum jeden Alters und jeden Ranges für neue soziale Gedanken am allerwenigsten Verständnis" (Kühn 1978, S. 77).

Als tieferen Grund für sein Reformscheitern entdeckte Steiner zudem eine bei den Deutschen verbreitete Erkenntnis- und Willensschwäche, die auch eine Katharsis aus den Lehren des verlorenen Ersten Weltkriegs verhinderte. Oder anders ausgedrückt: Es gab zu wenig wirklich „freie Menschen" in Deutschland. Als solche hatte Steiner in seiner „Philosophie der Freiheit" diejenigen Menschen beschrieben, die aufgrund des „ideellen Teils ihres individuellen Wesens sich jederzeit selbst zu folgen in der Lage sind". Diese Fähigkeit fehlte auch im publizistischen Mainstream. Von Letzterem hatten sowohl die *Süddeutsche Zeitung* wie auch die *Frankfurter Zeitung* (Vorläufer zur *FAZ*) sich als besonders fortschrittsfeindlich hervorgetan. Sie berichteten über Steiners Dreigliederungsbewegung oberflächlich bis ablehnend und ohne auf diese inhaltlich überhaupt näher einzugehen.

2.5.4 Zukunftsversagen besiegelte Deutschlands Schicksal

Vom konspirativen Hintergrund und Ausmaß der verräterischen Niedertracht Eberts wie auch den übrigen vorgenannten Ursachen für das Scheitern der Dreigliederungsbewegung erfuhr die deutsche Zivilgesellschaft sowihl damals wie auch bis heute nur wenig. Denn diese wurde wie schon angedeutet durch eine sich überwiegend konterrevolutionär verhaltende bürgerliche Presse nur einseitig und fehlgehend informiert. Das galt selbst für die Anhänger der Sozialdemokraten über deren antisozialistisch berichtenden „Vorwärts". Die einzig objektive Informationsquelle über das von der Rätebewegung im Dezember 1918 ausgehende Revolutionsgeschehen bildete lediglich die von Rosa Luxemburg verantwortlich redigierte „Rote Fahne", über die Sebastian Haffner nach seiner umfassenden Recherchen sagte: „Niemand hat die Wirklichkeit der deutschen Revolution 1918 und die Gründe ihres Scheiterns (Ende 1919), die Unaufrichtigkeit der SPD und die Zerfahrenheit der USPD … vom ersten Augenblick an so hellsichtig und so rückhaltlos analysiert wie Rosa Luxemburg … in der ‚Roten Fahne' … Die einzige Wirkung, die sie damit erzielte, war, den tödlichen Hass der Durchschauten und wie (Friedrich Ebert) Bloßgestellten auf sich zu ziehen" (Haffner 2018, S. 174).

Derart in die Irre geführt, rollte in Deutschland, wie dies der Zeitgenosse Ernst Troeltsch formulierte, „von da an eine Welle von rechts". Die Sozialdemokraten wurden die

„November-Verbrecher“ und „Verzichtpolitiker“, die die tapfere deutsche Armee „von hinten erdolcht hatten“. Feudal-reaktionäre Kreise gewannen ihre Selbstsicherheit zurück. Aber wie Haffner feststellte: „Der Kollektivheld der 1918/19er-Revolution, nämlich die deutsche Arbeiterschaft, hat sich von dem Nackenschlag, der ihr damals (durch Ebert und seine ihm blind folgende SPD) versetzt wurde, nie mehr erholt. Die sozialistische Einigkeit, für die sie so tapfer kämpfte und blutete, ist 1919 für immer verloren worden ... ihre Enkel von heute wissen nicht einmal mehr von ihr ... Deutschland krankt an der verratenen Revolution von 1918/19 bis heute“ (Sebastian Haffner 2018, S. 243 ff.). Und noch mehr: Sowohl von dem beispiellos perfiden Revolutionsverrat wie auch den Ursachen wie auch der Bedeutung des damit parallel laufenden Scheiterns der Dreigliederungsbewegung hat das Gros der deutschen Öffentlichkeit bis heute so gut wie nichts erfahren. Für sie ist die Wahrheit über die Riesenchancen zu Beginn der Weimarer Republik samt den aus diesen damals noch möglichen Rettungsstrategien für eine freiheitlich-solidarische Gesellschaftsentwicklung in Deutschland für Jahrzehnte „unter die Räder gekommen“.

2.6 Höllenfahrtsmenetekel und kulturvernichtende Heimsuchungen

Zunächst waren es singuläre Menetekel, die nach dem zuletzt geschilderten Kulturversagen Deutschlands zusammen mit dessen schon oben angedeutetem „Rechtsrutsch“ nahendes Unheil für dieses Land ankündigten. Das erste davon ereignete sich am 13. März 1920 über den von Ludendorff inszenierten Kapp-Lüttwitz-Putsch. Dieser allerdings konnte noch einmal durch einen von den Gewerkschaften organisierten Generalstreik – und dies aus Gründen des mangelhaften Rückhalts der Putschisten in der Bevölkerung – relativ friedlich beendet werden. Drei Jahre danach befahl Hitler am 9. November 1923 unter Mitwirkung von Göring und Röhm seinen SA-Einheiten den „Marsch auf die Feldherrenhalle" in München. Dieser Marsch scheiterte als wiederum von Ludendorff und hinter diesem Hindenburg orchestrier Putsch ebenfalls und das sogar noch schneller als der Kapp-Putsch. Hitler erhielt dadurch während seiner anschließenden „Festungshaft" zehn Jahre Zeit, um den von ihm geplanten Demokratiesturz sorgfältiger vorzubereiten. Über all diese Geschehnisse haben Historiker wie auch die deutsche Presse zumindest nach dem Zweiten Weltkrieg ganz im Gegensatz zu den im Vorabschnitt geschilderten Ereignissen immerhin „cum grano salis" ausführlich berichtet.

Woran es aber bis heute nach wie vor mangelt, ist eine zusammenhängende und vor allem die Ereignisursachen erklärende Darstellung. Das gilt bereits für die in durchaus verfassungswidriger Weise durch Hindenburg über die Entmachtung der von ihm verachteten SPD vollzogene Bestellung von Heinrich Brüning zum Reichskanzler. Dessen Bestellung erfolgte nämlich per konspirativem Komplott über Art. 48 der Weimarer Reichsverfassung entgegen dessen Regelungssinn. Der von Hindenburg als Konservativer geschätzte Brüning sollte nämlich am demnach Meinung Hindenburgs nichtsnutzigen Parlament vorbei regieren können, was Brüning sogleich in fatalster Weise für die Umsetzung seiner blauäugigen Deflationspolitik ausnutzte. Mit dieser laienhaften Politik aber wirkte er sicherlich ungewollt wie ein Leichenbestatter für die schon damals durch reaktionär-feudale Kreise schwer angeschlagene Weimarer Republik. Zugleich brachte er in Verbindung mit seiner konspirativen Verfassungsaushöhlung mit dem demokratieverachtenden Hindenburg die Todesglocke für die Weimarer Republik endgültig zum Erschallen. Denn mit seiner unqualifizierten sowie jenseits jedweder Solidarität für die Werktätigen angesiedelten Sparpolitik brachte er per präsidialer Notverordnung das Kunststück zustande, in einer Phase stark einbrechender Nachfrage dieser auch noch „hinterher zu sparen". Fachlich ausgedrückt: Nachfrageeinbrüche prozyklisch weiter anzuheizen.

Diese nach heutige Maßstäben extrem unprofessionelle Sparpolitik musste zwangsläufig zu einer schlagartig ansteigenden Massenarbeitslosigkeit und damit Armut in Deutschland führen. Dadurch stieg die schon durch die Weltwirtschaftskrise im Winter 1929/30 hohe Zahl von 3 Mio. Arbeitslosen bis Ende Februar 1932 auf 6,1 Mio. registrierte Arbeitslose. Zusammen mit den „unsichtbaren Arbeitslosen" waren bis zum Frühjahr 1932 nach seriösen Schätzungen rund 40 % der arbeitsfähigen Bevölkerung im Deutschen Reich ohne Beschäftigung. Deren Lage verschärfte das Kabinett Brüning auch noch dadurch, indem es die Arbeitslosenunterstützung kürzte. Volle Unterstützung wurde danach nur noch für eine Maximaldauer von fünf Monaten gewährt. Danach gab es lediglich eine sogenannte „Krisenunterstützung", die jedoch kaum zum Überleben reichte. So fielen immer mehr Familien in bittere Armut und mussten sich in einem menschenunwürdigen Hungermodus durchschlagen.

Erwartungsgemäß hatten die durch derartige Fehlentscheidungen völlig frustrierte und teilweise verzweifelte Bevölkerung mit den 1932 durchgeführten Reichstagswahlen den für dieses Fiasko verantwortlichen „bürgerlichen Parteien" einen Denkzettel verpasst. So erzielte die NSDAP gegenüber dem 1928er-Wahlergebnis geradezu einen Erdrutschsieg. Sie erreichte nämlich 37,4 % aller Stimmen (1928 erzielte sie gerade einmal 2,6 % aller Stimmen). Zusammen mit der (links) radikalen KPD, die ebenfalls einen

Stimmenzuwachs auf immerhin 16,9 % aller Wahlberechtigten (1928 nur 10,6 %) erreichte, hatten die offen antidemokratischen Parteien erstmals in der Weimarer Republik eine komfortable Mehrheit erreicht. Was zugleich bedeutete: Die Demokratie war damit im Deutschen Reich quasi „abgewählt". Dies sollte im Nachhinein betrachtet die Tore für Deutschlands baldige „Höllenfahrten" weit öffnen.

Soweit zu den kausalen Erklärungen für den Beginn der deutschen Höllenfahrten. Die finalen Erklärungen hierfür und deren weiteren Verläufe werde ich wie in der Einleitung angekündigt im zweiten Teil dieses Buches schon deshalb ebenfalls eingehen, weil die Ereignisse ab 1932 den heutigen Geschehnissen vor allem in den USA so ähnlich erscheinen. Deshalb bezeichne ich in Kapitel den sich ab 1933 vollziehenden Höllensturz auch als die „Erste Heimsuchung".

2.6.1 Biedermänner ermächtigen Brandstifter

Als Beginn von Deutschlands erster Heimsuchung wird von vielen Historikern der 30. Januar 1933, also Hitlers Ernennung zum Reichskanzler durch Reichspräsident Hindenburg, gesehen. Denn schon mit dieser Ernennung wurden die bekannten Ziele Hitlers offenbar. Unter all den vielen blauäugigen bis blinden Biedermännern im damaligen Deutschland kann man in Hindenburg durchaus zu Recht deren Anführer sehen. Ihm folgte nur wenige Monate später die Mehrheit der in der Reichstagswahl vom 5. März 1933 mit insgesamt 647 Mandaten neu gewählten Abgeordneten. Von diesen stimmten gut 440 Abgeordnete für die Annahme des Ermächtigungsgesetzes vom 24. März 1933. Lediglich 120 SPD-Abgeordnete stimmten dagegen. Den 81 KPD-Abgeordneten war kurz zuvor mit einer verfassungswidrigen Geschäftsordnungsänderung das Stimmrecht entzogen worden. Demnach kam eine verfassungskonforme Annahme des Ermächtigungsgesetzes niemals zustande. Zu einem legalen „Führer“ durch Vereinigung von Reichskanzler- und Reichspräsidentenfunktion in einer Person ist Hitler demnach auch nie bestellt worden (Schneider 1953). Nur bestand das eigentliche Problem darin, dass außerhalb von SPD und KPD alle übrigen Abgeordneten nicht bereit waren, für die Einhaltung der Verfassung einzustehen. Vielmehr ergaben sie sich, so wie sprichwörtliche Biedermänner dies häufig tun, den Wunschvorstellungen der Brandstifter. Als Letztere erwiesen sich sehr bald Hitler und seine NSDAP. So konnte Hitler bereits bis Juni 1933 das Parlament auch rechtlich abschaffen, nachdem es durch den Reichstagsbrand vom 28. Februar 1933 bereits physisch zerstört wurde. Damit war für Hitler der Weg zu einer völlig endgrenzten Willkürherrschaft frei.

2.6.2 Rätselhafte Effektivität bei unmenschlicher Grausamkeit

Warum und wie Hitler über seine SS- und SA-Chargen einen Freifahrtschein zu beliebiger Willkürherrschaft mit unmenschlicher Grausamkeiten missbrauchte, das wurde erst in den Nürnberger Prozessen und in diesen nur unter strafrechtlichen Aspekten aufgeklärt (Arendt 1986, S. 630 ff.). Inzwischen gibt es jedoch eine kaum zu überblickende Fülle von in Teilen weiter gefassten Aufarbeitungen zu dieser Thematik. Am hervorstechendsten unter diesen blieb bis heute die brillante Analyse von Hannah Arendt auch zu der Frage: Warum saß Hitler trotz letztendlich drohendem Totalzusammenbruch innenpolitisch so felsenfest im Sattel?

Dazu versucht Hanna Arendt in sehr überzeugender Weise zunächst das Wesen „totaler Herrschaft“ zu durchdringen. Danach ist „die Macht niemals deren Ziel, sondern nur ein Mittel“ (Arendt 1986, S. 702 ff.), wozu sie ergänzend betont: „Die Machtergreifung in einem gegebenen

Land (hier z. B. Deutschland) ist nur das willkommene Durchgangsstadium, nicht das Ende der Bewegung … ein politisches Ziel, bei dem die Bewegung an ihr Ende kommen würde, gibt es überhaupt nicht." Was aber zu den handlungsleitenden, politischen (Dauer-)**Zielen** totalitärer Bewegungen **zählt, ist die Abschaffung menschlicher Freiheit:** „Um die Abschaffung der Freiheit sowie die Eliminierung von menschlicher Spontaneität überhaupt geht es der totalen Herrschaft."

Solche „endlose" Freiheitsberaubung erfordern laut Hanna Arendt das Einschwören der Bewegung auf einen Anführer und dafür zugleich die Verankerung eines Führerprinzips innerhalb der Bewegungsorganisation. Diese zeichne sich einerseits durch Strukturlosigkeit und andererseits durch Instanzenkonkurrenz und damit auch eine führerkontrollierte Konfusion aus. Denn: Strukturlosigkeit eignet sich vorzüglich dafür, das zu verwirklichen, was die Nazis Führerprinzip nannten. Die dauernde **Konkurrenz der Instanzen,** deren Funktionen sich nicht nur überschneiden, sondern die mit den gleichen Aufgaben betraut sind, **macht Opposition oder Sabotage unmöglich**, wozu Arendt weiterhin folgert: „… So kann sich der Wille des Führers jederzeit überall verkörpern, und er selbst ist an keinerlei Hierarchie, auch nicht die von ihm selbst etablierte, gebunden …. Die Multiplikation der Instanzen … die alle auf nichts und niemandem verpflichtet waren als auf die Person Hitlers selbst, schuf gerade wegen der ihr innewohnenden Konfusion eine Situation, in der sich jedermann mit dem Willen des Führers direkt konfrontiert fühlen musste" (Arendt 1986, S. 841).

Was sich aus diesem offensichtlich hassdurchdrungenem Führerwillen an unmenschlichen Grausamkeiten sodann vollzog, das lässt sich mit Worten schwerlich beschreiben. Es wird am ehesten erfahrbar über Filme wie z. B. „Schindlers Liste" oder Fernsehdokumentationen wie „Wannsee

Konferenz“. Wie die dort gezeigten, der Bevölkerungsmehrheit überwiegend verdeckt gebliebene Verbrechen des „wirklich Bösen“ zusammen mit obigen Unterdrückungen und Gleichschaltungen die Befindlichkeit der deutschen Bevölkerung verwandelten, das beschreibt Hannah Arendt folgendermaßen: Es entstand „eine Wüste der Nachbarlosigkeit und des gegenseitigen Misstrauens (so) als seien alle **zusammengeschlossen in ein einziges Wesen** von gigantischen Ausmaßen … Terror als der folgsame Vollstrecker … der Raum der Freiheit … radikal vernichtet“ (Arendt 1986, S. 958). Worauf Hannah Arendt in ihrer genialen Analyse aber mit keinem Wort eingeht, ist die Frage: Wer befähigte so mittelmäßig begabte Autokraten wie Hitler und Stalin, derartig effektive wie raffiniert ausdifferenzierte und vor allem grausame Herrschaftssysteme überhaupt in so kurzer Zeit zu etablieren? Kommt in diesen nicht eine bestimmte Art von genauso übermenschlicher wie destruktiver Intelligenz zu Ausdruck? Da sich aktuell durch das über Trump & Co. abzeichnende Systemchaos wiederum ähnliche Fragen stellen, werde ich auf diese zusammen wie auch auf die Ursachen der zuletzt geschilderten Ereignisse nach ausführlicher empirischer Analyse von Letzteren ab dem vierten Kapitel dieses Buches genauer eingehen.

Zunächst aber möchte ich als Zwischenresümee für eine solche höhere Intelligenzuntersuchungen versuchen, die für deren Erkennen wichtigsten Aufbruch-, Kampf- und Heimsuchungsphasen der Moderne zusammen zu fassen. Danach kennzeichnet die Moderne ein:

- Durchbruch zu individueller Selbstbestimmung über aufgeklärte Vernunft was durch die geniale Losung der Großen Französischen Revolution samt deren philosophisch-künstlerischer Vertiefung durch Deutsche Klassiker und Jenaer Frühromantiker besonders befeuert wurde (= universalistische **Aufbruchphase**);

- Sowie heftigste Weltanschauungskämpfe gegen feudal-konservative Restaurationsbestrebungen über die 1848/49er-Folgerevolution mit anschließenden Bemühungen um eine systemisch-solidarische Freiheitsermöglichung für alle gemäß Revolutionslosung (= gobale **Kulturkampfphasen**);
- Was schließlich in ein bisher endgültiges Scheitern von solidarischen Freiheitsforderungen durch Verrat der Deutschen Revolution 1919 bei gleichzeitiger Zurückweisung von Steiners ganzheitlichem Freiheits- und Solidaritätskonzept einmündete. Worauf sodann putschbegleitete Demokratiezersetzungen des Deutschen Reiches mit einem Totalversagen libertär-liberaler Wirtschaftspolitik für Deutschland folgte (= mitteleuropäische **Auflösungsphase**);
- anschließend wurde per Ermächtigungsgesetz die Ausbreitung einer absoluten Herrschaft über das Deutsche Reich unter Einschluss Österreichs als bis dahin einmalige Terrorherrschaft bis zum Jahre 1945 als erster Heimsuchung verwirklicht (erste **Heimsuchungsphase**).

3

Von westlichen Demokratiebelebungen bis zu deren schwarz-magischen Aufklärungszersetzungen

Mit dem militärischen Zusammenbruch des Deutschen Reiches endete aus heutigen Rückblick die erste Heimsuchungsphase. Zugleich verlagerten sich bereits ab 1946 die geopolitischen Schwergewichte von Europa zu den USA als neuer, politischer wie auch kultureller Führungsmacht neben der zwar weniger mächtigen aber dennoch die Weltpolitik maßgeblich mitbestimmenden Sowjetunion. Von da an begannen die USA nach dem Vorbild des Römischen Weltreichs und dessen „Pax Romana" eine nach ihren kapitalistischen Vorstellungen funktionierende, demokratische Weltgemeinschaft in Form einer „Pax Amerikana" auszubauen. Was, obwohl von vornherein mit libertären Defiziten belastet, im ersten Jahrsiebt außerhalb der sowjetischen Einflusssphäre mit sogar weltweiter Anerkennung gelang. Aber bereits 1953 erhielt das anfänglich durchaus freiheitlich begründete Demokratierevival der Pax Amerikana erste Risse. Nämlich durch den seitens der CIA mit Unterstützung des britischen Auslandsgeheimdienstes initi-

B. Schloen, *Chaos als System*,
https://doi.org/10.1007/978-3-658-50870-8_3

ierten Staatsstreichs gegen den demokratisch gewählten, persischen Premierminister Mohammed Mossadegh. Anders als noch bis 1953 unter Präsident Truman mit dessen vorbehaltlosen Unterstützung der UNO-Menschenrechtskonvention breitete sich unter dem neu gewählten Präsidenten Eisenhower mit seiner Unterstützung des vorgenannten, antidemokratischen Putsches ein verändertes Grundmuster für die US-Außenpolitik aus. Nämlich ein dogmatischer Antikommunismus („Roll Back") bis zur Anstiftung von Putschen gegen unliebsame Systeme nach dem in Persien angewandten „Erfolgsrezept".

Es **begannen allmählich aber auch im Inneren Zersetzungskräfte innerhalb der US-amerikanischen Demokratie**praxis nicht zuletzt **auf Grund von deren oft naiven Reichtum-Anbetungen wirksam zu werden. So wandelten sich** die US-Demokratie **auf Grund mangelnder Gesellschaftssolidarität seit Mitte der 60er-Jahre** Schritt für Schritt in eine von Milliardären beherrschte Plutokratie mit gekaufter Gesetzgebung und extremer Vermögensungleichheit. Allein die daraus resultierenden Abstiegsängste der weniger begüterten Bevölkerungsmehrheit boten einen immer fruchtbareren Nährboden für Verführer in Richtung einer oligarchische Tech-Autokratie. Eine valide Bewertung dieser Prozesse ist aber mit rein empirisch begründerter Kausalität nicht möglich. Vielmehr bedarf es dazu solcher Hintergrundanalysen, wie ich sie sowohl in der Einleitung als auch zum Schluss des letzten Abschnitts nochmals avisiert habe. Das trifft auch für die jüngsten investigativen Recherchen über die „Dark-Enlightenment"-Bewegung zu, über die ich zum Schluss dieses Kapitels berichte. Deshalb stehen wir am Ende dieses Kapitels wiederum ähnlich wie 1932 vor sich erneut bemerkbar machenden Menetekeln für eine erneute Heimsuchungswiederkehr menschlichkeitsvernichtender Geisteswesen. Diese scheinen allerdings wie schon in der Einleitung angedeutet diesmal offensichtlich die globale Zivilgesellschaft und nicht wie damals nur die Mitteleuropäische heimsuchen zu wollen.

3.1 Amerikanische Demokratieausbreitung unter kulturverflachendem Ökonomismus

Schon bald nach der im Vorabschnitt skizzierten Stunde null bot sich dem Westen des untergegangenen Deutschen Reiches alsbald die Chance einer Wiederaufnahme in den Kreis demokratischer Staaten. Die USA fürchteten nämlich nach der deutschen Kapitulation weniger deren vormalige Fachismusunterwerfung als vielmehr kommunistische Welteroberungsabsichten. So wollten konservative US-Hardliner wie Außenminister John Forster Dulles und nicht zuletzt Senator Paul McCathy jedwede weitere Ausbreitung der kommunistischen Weltbewegung und damit auch der Sowjetunion, koste es, was es wolle, verhindern. Deren Plan sollte auch über Stärkungen und Ausbau weiterer vor allem kapitalistisch verfasster Demokratien geschehen. Man nannte dies seinerzeit die US-amerikanische Roll-Back-Strategie.

Eine erfolgreiche Umsetzung dieser Strategie konnte den Amerikanern für den westlichen Tel lEuropas nur unter Mitwirkung der von ihnen mit ihren Alliierten besetzten Zonen des ehemaligen Deutschen Reiches gelingen. Dafür akzeptierten sie sogar das in deren Verfassung verankerte Sozialstaatsprinzip, denn immerhin hatte Franklin D. Roosevelt Sozialhilfen sogar für die USA für die Dauer seines „New Deal“ durchgesetzt.

Ab den 60er-Jahren wandelte sich der politische Mainstream in den USA jedoch wiederum gegen nahezu jede Art von Sozialismus einschließlich dessen sozialdemokratischer Variante.Derartiges galt von da an als „unamerikanisch", weshalb bekanntlich Senator McCathy einen wahren Kreuzzug gegen prominente Sozialismusunterstützer anstrengen konnte. Solidarität verblieb danach wiederum für das Gros der Parlamentarier in den USA reine Privatsache. Dieser allerdings verliehen im Gegensatz zur späteren BRD deren gemeinnützige Stiftungen und Trusts durchaus Gewicht auf privatrechtlicher Grundlage. Viele vermögenden Stifter orientierten sich an dem bekannten Spruch Carnebys: „Wer in Reichtum stirbt, der stirbt in Schande." Aus einem solchen Mäzenatentum gerade der ganz Reichen entstanden wesentliche Pfeiler des US-amerikanischen Kulturlebens wie die „Ivy-Ligue-Universitäten" Harvard, Columbia, Yale, Princeton, MIT und weitere weltweite Wissenschafts-Leuchttürme.

Trotz solchen hervorstechenden Kulturleistungen verführte die Idee eines nur seinen Eigeninteressen verpflichteten Homo oeconomicus zunehmend immer breitere US-Bevölkerungskreise bis zu einer Ideologie libertärer Mitleidlosigkeit. Solches befeuerte auch eine auf Sensationseffekte reduzierte, undifferenzierte und unzulänglich recherchierende Presse. Davor warnte zwar schon frühzeitig der Medienkritiker Walter Lippmann mit seinem bereits 1920 erschienenen Buch „Liberty and the News" (Akerma 2021, S. 21 ff.). So hinterfragte Lippmann bereits damals, ob das US-amerikanische Informations- und Pressesystem immer geeignet sei, ein problemlösungsgeeignetes Regierungshandeln zu unterstützen bzw. überhaupt zu ermöglichen. Menschen fragen sich, „ob ein auf Zustimmung angewiesenes Regierungshandeln in einer Zeit Bestand haben kann, in der die Herstellung von Zustimmung eine **private** Unternehmung ist. Denn in einem ganz konkreten Sinne ist die gegenwärtige Krise der westlichen Demokratie eine Krise des Journalismus." Die danach von Lippmann erkannte Problematik eines auf Gewinnerzielung abzielenden privaten Pressewesens verschärfte sich nach dem Zweiten Weltkrieg wegen der wachsenden Bedeutung elektronischer Medien nochmals erheblich. So wurden Funk und Fernsehen in den USA im Unterschied zu Großbritannien mit seiner BBC und der Bundesrepublik mit ARD und ZDF ausschließlich privatkapitalistisch betrieben. Insbesondere das Fernsehen mit seinen durch penetrante Werbespots ständig unterbrochenen und primär auf Unterhaltungswirksamkeit hochgejazzten Sensationsnachrichten prägte zunehmend das Weltbild der breiten US-Öffentlichkeit. Dadurch verfestigte sich in den USA, schneller und breitenwirksamer als in Europa, ein ökonomistisches, ausschließlich auf Konsum und Wirtschaftswachstum ausgerichtetes Weltbild. Man kann vereinfacht sagen: Es herrschte die Anbetung von Gewerbe- und Redefreiheit auf Grundlage einer oberflächlichen, profitgetriebenen und dadurch auf Sensationseffekte fokussierten, medialen Informations(un)kultur. Viele Durchschnittsbürger und -bürgerinnen in den USA wurden dadurch von materiellen Verheißungen geradezu „überschwemmt" und verblieben auch deshalb, worauf ich in Kapitel vier noch vertieft eingehen werde, mental „unterernährt". Trotz dieser Defizite vermochten die USA aufgrund ihrer militärischen und wirtschaftlichen Dominanz wie auch der Exzellenz ihrer oben genannten kulturellen Leuchttürme für lange Zeit wichtige Impulse für globale Demokratieausweitungen veranlagen.

3.2 Die unaufhaltsame Plutokratisierung des Westens

Den Höhepunkt westlicher Demokratieausweitungen auf Basis obiger Pax Amerikana bilden die 90er-Jahre des letzten Jahrhunderts. Eine Zeit, in der die ehemaligen DDR dank amerikanischer Unterstützung von der Bundesrepublik Deutschland eingegliedertund zeitgleich mittel- und osteuropäische Satellitenstaaten aus der untergehenden Sowjetverfasstheit sich in Demokratien nach westlichem Muster verwandelten. Das hat die BRD zwar unterstützend begleitet. Einen kulturell bedeutenden, geschweige denn wertevermittelnden Ausgleich zwischen Ost und West, wie es angestammte deutsche Tradition noch zu Beginn der Weimarer Republik war, übte Deutschland aber nicht mehr aus. Dafür fehlte ihm nach seinem Weltkriegszusammenbruch immer noch das dafür erforderliche autonome wie belastbare Rollenbewusstsein. So gab es mit dem Untergang der Sowjetunion keinen zwischen den USA und Osteuropa vermittelnden Transformationspartner, was wiederum Extremisten zuallererst in den USA und sodann auch in anderen westlichen Ländern als Freiraum für unheilvolle Plutokratieförderungen und Faschismusunterstützungen nutzten. Dies zeigte sich bereits mit der ersten Präsidentschaftswahl von Donald Trump. Seit einigen Jahren jedoch und seit 2025 unübersehbar die Machtübernahmen autokratiebefördernder IT- und Tech-Oligarchen in den USA, welche sich wiederum orientieren an dem Bestreben klassischer Autokratien nach finaler Unterdrückung von solidaritätsgetragener Freiheit für alle.

3.2.1 Die wirkungsmächtigsten Verführungskeime legen neoliberale Indoktrinations- und Manipulationsnetzwerke

Durch die oben umrissene „mentale Unterernährung“ breiter amerikanischer Bevölkerungskreise konnte sich auf Grundlage von deren traditionell libertären Kulturverengungen ein von dort aus weltweit ausstrahlender Ökonomismus extrem verfestigen. Diese Verfestigung erhielt einen entscheidenden Antriebsimpuls durch den mystisch eingekleideten Neoliberalismus hayekscher Prägung. Friedrich August von Hayek, der anfänglich in Freiburg (BRD) lehrte und erst nach dem Zweiten Weltkrieg weltweit agierte, gründete 1947 zusammen mit 60 weiteren Teilnehmern am Genfer See in der Schweiz die inzwischen berühmt-berüchtigte „Mont-Pelerin-Society". Damit wollte Hayek eine Gegenbewegung gegen den damals sowohl in den USA wie auch im westlichen Europa sich immer weiter ausbreitenden Keynesianismus erschaffen. In Letzterem sah er bemerkenswerterweise die Gefahr eines auf Dauer in Totalitarismus ausartenden, staatlichen Marktregulierungssystems. Märkte sollten aber nach Hayek tunlichst sakrosankt im Sinne von unbeeinflusst von jedweden staatlichen Interventionen verbleiben. Selbst dann, wenn dies zu mehr Ungleichheit oder sogar Demokratieeinschränkungen führen sollte (Steinberger 2024).

Gründungsteilnehmer der „Mont-Pelerin-Society" waren neben bekennenden Ordoliberalen wie die deutschen Professoren von Mieses und Müller-Armack auch der spätere Nobelpreisträger Milton Friedman als Mitinitiator der weltbekannten Chicago-Schule. Die „Mont-Pelerin-Society" wiederum gründete im Jahre 1981 mit Sir Antony Fisher in Virginia, USA, das inzwischen von vielen als reaktionäre Hydra bezeichnete „Atlas-Network". Letzteres wuchs bis 2023 als weltweit ausstrahlende Thinktank-Holding auf rund 589 korporative Partner in 103 Ländern an. Dazu gehören die kapitalkräftige Templeton-Foundation, die über die Republikaner berühmt gewordenen Koch-Brüder samt „Tea-Party"-Bewegung, das Umweltschutzinitiativen bekämpfende Heartland- sowie Cato-Institut sowie führende Öl-, Chemie- und Tabakkonzerne. Über diese wirkungsmächtige Verbundstruktur verbreitete Hayek seine reduktionistische Philosophie, indem er seine persönliche Wissenschaftsskepsis mit libertären Marktmythologien zu einem wirkungsmächtigen, langfristig konzipierten Strategiebündel verband. Dafür bewarben Hayek und seine Mitstreiter ihre daraus abgeleiteten Aktivitäten euphemistisch als Verteidigung einer „offenen Gesellschaft". Denn selbst gut gemeinte Marktinterventionen befördern für Hayek letztendlich diktatorische Bevormundungen der Gesellschaft. Dagegen würden nicht regulierte, freie Märkte mit möglichst vielen Marktteilnehmern Gesellschaften technologieoffen halten. Dies sei vor allem deshalb so wichtig, weil solche Märkte quasi allwissend seien und genau dadurch dem Wohle aller am besten dienen. Denn: Laut Hayek entwickeln Massenmärkte, so kann man ihn vereinfacht interpretieren, eine geballte „Schwarmintelligenz", die jeder Wissenschaftlergemeinschaft wie auch staatlichen Instanzen überlegen sei. Aus diesem Grunde sei es eine „Anmaßung von Wissen", überhaupt steuernd in freie Märkte vonseiten des Staates eingreifen zu wollen.

Ausgehend von solchermaßen überwiegend mythologisch gegriffenen Thesen avancierte Hayek über die vorgenannten Gesellschaften und Thinktanks zum Spiritus Rector bzw. Inkubator des inzwischen global weitaus mächtigsten, korporativen Führungsnetzwerks einflussreicher Thinktanks, Stiftungen und Institute nicht nur in den USA, sondern mittlerweile weltweit. Gemeinsam ist all diesen ihre Wissenschaftsskepsis und ihr Bemühen um einen sozial unregulierten Kapitalismus mit größtmöglicher Beinfreiheit für autonome Profitmaximierungen. Dazu gehört auch die Verhinderung von staatlichem Klimaschutz und die Beseitigung der von diesem veranlassten Umweltschonungen, ferner die Abschaffung diesbezüglicher Forschungen einschließlich Sozialforschungen sowie die Neutralisierung einschließlich Diskreditierung von einflussreichen Klima-, Umwelt- und Kulturwissenschaftlern.

3.2.2 Supremacy for the Richest

Als öffentlichkeitswirksames Sprachrohr der zuletzt genannten Gesellschaften, Thinktanks, Stiftungen und Institute wurden die ominösen Koch-Brüder am frühsten bekannt. Diese verfügten durch „Koch Industries" über ein weltweit agierendes Unternehmensgeflecht mit rund 100.000 Beschäftigten, die ihre medienmäßige Verbreitung von Forderungskatalogen aus dem hayekschen Fundus samt dessen radikalen Thesen finanzierten. Dafür steckten allein sie neben den oben genannten Partnerinstitutionen des Atlas Networks rund 900 Mrd. $ in den Wahlkampf jener republikanischen Kandidaten, die wie sie für geringere Steuern, weniger gesetzliche Auflagen sowie Bekämpfung von Klimaschutzaktivitäten samt Zurückdrängung des Staates einzutreten versprachen.[1] Ähnlich wie beide Koch-Brüder wendeten sich ab 1990, dies allerdings in argumentativ noch aggressiverer Form, die Begründer der „Tea-Party-Bewegung" durch obige Netzwerke unterstützt an die Öffentlichkeit.[2] Letztere bediente sich weitgehend jener Methoden, die erstmals der republikanische Senator Newt Gingrich seit Mitte der 80er-Jahre für Teile seiner Partei gesellschaftsfähig gemacht hatte, nämlich die Demokraten nicht mehr als politische Konkurrenten zu behandeln, sondern als Feinde, die mit allen Mitteln einschließlich lügnerischen Unterstellungen zu bekämpfen seien. Derartige Agitationsmethoden wie auch solcherart subversive Kampfziele wurden sodann von Donald Trump mit seiner MAGA-Bewegung über seinen ersten Wahlkampf in 2015 erstmals in großem Stil wirksam. Sie wurden von da an zu einer Art DNA der Republikaner. So hatte sich der

---

[1] https://deutschlandfunk.de/koch-brüder-milliadäre-mit-politischem Einfluss und rechtem Erbe.

[2] https://www.tagesschau.de/ausland/amerika/usa-tea-party-100.html.

Neoliberalismus hayekscher Prägung über die Republikaner zu einem die Rechtsstaatlichkeit und demokratische Errungenschaften verachtenden Kampfbegriff gemendelt.

Politisch wurde deren subversiver Kampf für die Reichsten über das Gros korruptionssaffiner republikanischer Kongress- und Senatsabgeordneter entschieden, Letztere wiederum angeführt von den republikanischen Fraktionsführern beider Kammern, deren Zielverfolgung von der amerikanischen Öffentlichkeitsmehrheit weitgehend lange unbemerkt blieb. Im Hintergrund aber trug zu deren Zielwirksamkeit die vielarmige Thinktank-Hydra des oben umrissenen Atlas Networks mit deren Hundertschaften von vorherrschend im Anonymen wirkenden Influenzern und Ghostwritern und all diese unterstützt von gigantischer Kapitalmacht bei. Das geschah stets unter Voranstellung des Mantras, dass jedwede staatliche Umverteilung einen Eingriff in die Freiheit jedes Einzelnen bedeute. Deshalb unterblieb schon seit der Präsidentschaft des Republikaners Ronald Reagan jedwedes konsequente gesetzliche Vorgehen gegen die immer ausgeklügelteren und durchgehend Schule machenden Steuervermeidungsstrategien von extrem reichen US-Bürgern. Dies hatte zur Folge, dass ab Beginn dieses Jahrhunderts die Familien wirklich Reicher, die sich jeweils mühelos exzellente Teams aus Family Offices, Wirtschaftsprüfern und Steueranwälten mit deren aufwendigen Steuerumgehungsmodellen leisten konnten, oft weniger Ertragsteuern zahlten als eine amerikanische Durchschnittsfamilie. Dies hatte wiederum zur Folge, dass 2021 die obersten 1 % der US-amerikanischen Topverdiener mehr Vermögen besaßen als die 60 % der Haushalte mit mittlerem Einkommen. Letztere besaßen nämlich in 2021 nur noch 26,6 % des nationalen Gesamtvermögens, wohingegen auf sie 1990 noch 36 % davon entfielen.

Praktisch bewirkte obige Vermögensumverteilung von unten nach oben, dass die Mittelschicht in den USA zunehmend an wirtschaftlicher Stabilität verlor. Sie wurde damit immer härter von Rezessionen wie auch branchenbedingtem Strukturwandel getroffen. Diese die Gesellschaft letztendlich tragende Schicht profitierte von der durch Trump mit seinen Republikanern in 2017 durchgesetzten Steuerreform wesentlich weniger als die reicheren, oberen 20 % der Bevölkerung. So kam trotz der gigantischen Konjunkturankurbelung 2021 durch die „Bidenomics" nur wenig zusätzliches Nettoeinkommen bei den mittleren, geschweige denn unteren Einkommensbeziehern der USA an. Dadurch wuchs trotz der Jobvermehrung die finanzielle Not breiter Bevölkerungskreise sowie deren Angst vor gesellschaftlichem Abstieg.

3.2.3 Wissenschaftsfeindliche Zerstörungen und illusionäre Konfusionen

Neben der neoliberal befeuerten Plutokratisierung erzeugt auch die von Hayek über seine Mont-Pelerin-Society samt Atlas Network inkubierte Wissenschaftsfeindlichkeit weitere gesellschaftszerstörende Antriebskräfte. So z. B. die nach der Wiederwahl Trumps geradezu beängstigenden Zerstörungsaktivitäten betreffend Kultureinrichtungen, Forschungsinstitutionen und Universitäten. Diese waren an Zerstörungskraft kaum vergleichbar mit den während seiner ersten Präsidentschaft,in der er laut dem „Silencing Science Tracker" der Columbia-Universität 346 behindernden Einflussnahmen auf den US-Wissenschaftsbetrieb ausübte.[3] Jetzt aber haben ganze Wissenschaftseinrichtungen mit Kahlschlägen insoweit zu rechnen, als sie überwiegend durch Bundesmittel finanziert werden, wie z. B. wichtige bundesstaatlich finanzierte Institute für Klima- und

[3] https://taz.de/Trumps-Krieg-gegen-die-Forschung!!6045858/.

Gesundheitsforschung. Ferner kommen bereits erkennbar weitere Trump unliebsame Forschungsfelder unter Druck, wie z. B. die Erdsystemforschung, die ethnologische Forschung sowie alles das, was nicht in das trumpsche Weltbild passt. Zur einlullenden Abfederung seiner wissenschaftsfeindlichen Kahlschläge verkauft Trump inzwischen immer dreister seinen Anhängern Phantomimaginationen als alternative Wahrheit. Solchen Konfusionsversuchen entgegenstehende Wissenschaftlereinwendungen und Presseberichte weist er dann stets als „Fake News" zurück.

All diese konfusionsstiftenden Lügen konnte Trump stets auf die in der US-amerikanischen Mittelschicht verbreitete Illusion stützen, dass jeder sich selbst allein verantwortlich und Schmied seines Glücks sein solle. Vor allem sein Schicksal ohne jedwede staatliche Hilfe in die Hand nehmen solle. Denn schließlich stehe doch jedem Bürger der USA, egal aus welchen sozialen Verhältnissen er stamme, ein Aufstieg sogar zum Millionärsdasein offen. Wer das nicht so sieht oder schlicht nicht kann, der muss sich eben mit den Konsequenzen abfinden. So jedenfalls denken besonders viele der republikanischen Trump-Wähler. Für sie stehen sozial andersdenkende Demokraten in einer unamerikanischen Weise den Kommunisten der inzwischen aus republikanischer Sicht zu Recht untergegangenen Sowjetunion nahe. Punkt!

Das Problem für gerade diese Trump-Wähler ist nur: Für viele von ihnen bestehen realistisch betrachtet viel mehr Abstiegsrisiken denn Aufstiegschancen. Schon gar nicht zu einem Millionärsdasein. Dafür müssten sie entweder einer begüterten Familie mit nennenswerten Erbschaftschancen angehören und/oder überdurchschnittlich qualifizierte, selbstständige Anwälte, Wirtschaftsprüfer, Ärzte, Ingenieure oder erfolgreicher Immobilienmakler oder Ähnliches sein. Solches aber sind bzw. schaffen nur die wenigsten. Den Übrigen bleibt nur ein Verharren in realitätsfernen

Illusionen dergestalt, dass ihnen irgendwann dennoch der große soziale Aufstieg aus eigener Kraft gelingen möge.

Je länger jedoch ein solcher Durchbruch auf sich warten lässt, umso größer wird der persönliche Frust über das bisher Nichterreichte und damit auch die Empfänglichkeit für utopische Rettungsversprechungen. Genau diese Empfänglichkeit versteht Trump meisterhaft zu manipulieren, nämlich mit seiner Selbstanpreisung als „Wundertäter" über seinen Slogan „Make America Great Again" (MAGA) und der Imaginierung „Goldener Zeiten" im Stil von Reality-Show-Illusionskünstlern.

3.3 Tech-Oligarchen und „Dark-Enlightenment"-Bewegte üben den autokratischen Schulterschluss

Mittels der zuletzt beschrieben Illusionierungen seiner Stammwähler und den zuvor beschriebenen Entsolidarisierungen sollte verständlich geworden sein, dass sich aus dem hayekschen Neoliberalismus ein demokratiezersetzender Plutokratismus mit Umwelt- und Wissenschaftsfeindlichkeit von gewaltiger gesellschaftlicher Zerstörungskraft entwickelt hat. Dazu ist aber differenzierend anzumerken, dass die zuletzt umrissenen Zerstörungspotenziale nicht nur Kind bzw. eine Folgeerscheinung von hayekschem Neoliberalismus und damit immerhin auch europäischen Wurzeln sind. Nein: Die brisantesten Zerstörungspotenziale der aktuellen Demokratie- und Freiheitsangriffe in den und durch die USA entstammen rein amerikanischen Wurzeln. Und deren Gewächse entstammen im Wesentlichen sowohl der Finanz- als auch technologischen Systemführerschaft der US-amerikanischen Tech-

Oligarchen. Die wiederum nutzten für ihre beispiellose Expansion samt der Monopolisierung ihrer in den letzten Jahrzehnten geschaffenen IT-Plattformen in virtuoser Weise US-spezifische Besonderheiten. Nämlich zum einen die Risiko- und Innovationsfreudigkeit US-amerikanischer Kapitalanleger und von diesen ganz besonders die im technologieaffinen Silicon Valley.Zum anderen die Profitorientiertheit des US-amerikanischen Meienwesens. Im Ergebnis erlangten die Inhaber dieser Plattformen dadurch wie auch infolge der Social-Media-Begeisterung amerikanischer Verbraucher presse- und kapitalmarktrechtliche Privilegierungen und legislative Marktmachtpositionen, die inzwischen sogar die der mächtigsten russischen Oligarchen weit in den Schatten stellen. Deshalb werden inzwischen diese außerordentlichen Machtstellungen von den „Dark-Enlightenment"-Vordenkern als notwendige Transformationsbasis für die von ihnen angestrebte US-Demokratieabwicklung in eine Tech-Autokratie propagiert.

3.3.1 Aus dem „California Dreaming" entstehen Internetmonster

Die geradezu atemberaubende Kapitalakkumulation der Internet-Plattformen und IT-Monopole in den USA erreichte zwar erst in den letzten beiden Jahrzehnten dieses Jahrhunderts die zuletzt angedeuteten, wahrlich bedrohlichen Dimensionen. Dazu verhalf ihnen eine bereits eine seit den 70er-Jahren des vorigen Jahrhunderts beginnende Vorgeschichte. Letztere startete, wie Martin Andree eindrucksvoll berichtet, 1968 über die Hippie-Bewegung von Kalifornien mittels Steward Brand. Dieser kreierte zusammen mit einigen Mitstreitern den „Whole Earth Catalogue", der parallel zur Ausbreitung der Hippie-Bewegung die Technik-Freaks der gesamten USA und schließlich auch

Europas erreichte. Dieser Katalog beinhaltete den revolutionären Impetus, die aktuelle Staatsordnung samt ihrer kommerziellen Fremdbestimmung zu überwinden (Andree 2023, S. 208 ff.). Er predigte also eine Befreiung aus den Fesseln der analogen Welt durch eine freiraumschaffende, digitale neue Welt. Das unterstützten vor allem die sich als Underdog Hippies empfindenden linken Kommunarden in San Francisco. Diese sahen sich schon damals als Outlaws, welche sich auch gerne später Hacker und/oder Piraten nannten. Bezeichnenderweise lautet z. B. noch heute die Adresse von Facebooks Headquaters „I. Hacker Way".

Das Wort Hacker erschien Ende des letzten Jahrhunderts vielen IT-Freaks eine zumindest ebenso geeignete Zielrichtungsbezeichnung zu sein, wie es früher das Wort Pirat oder Freibeuter für Konventionsabtrünnige war. Hacker strebten mit ihrer neuen digitalen Ordnung einen Ersatz der aus ihrer Sicht langweiligen, überkommenen analogen Welt an. Und dafür scherten sie sich, wie schon früher Piraten und auch Revolutionäre, wenig um geltendes Recht. Denn dies stand für sie ohnehin nur für die Verteidigung von altem Plunder in Form der analogen Welt, die eh wegsollte (deshalb auch die Namen von früheren IT-Plattformen wie „Pirate Bay" sowie „Chaos Computer"). Dieser revolutionäre Impetus hat nicht nur die anfänglich durchaus idealistisch gesinnten Erfinder des „World Wide Web" angetrieben, sondern wurde auch von den dieses Netz mit ihren Plattformen ausbeutenden IT-Oligarchen zukunftsverheißend vermarktet.

Zunächst wollten Jim Berners-Lee und mit ihm die übrigen Erfinder des „World Wide Web" dieses nach den Prinzipien „wohltätiger Medientechnologien" (Andree 2023, S. 70 ff.) betreiben. Danach sollte das Netz niemandem gehören und allen Menschen für alle Zeiten zugänglich sein („Prinzip der ‚Open Sources'"). Das Netz sollte dafür konkurrierenden Anbietern eine freie Zirkulation ihrer Daten ermöglichen. Ferner, was besonders wichtig ist: Nutzer des Netzes sollten von einem zum anderen Anbieter problemlos wechseln können. All dies sollte eine „Internet Engineering Task Force" (IETF) akribisch überwachen. Es war insbesondere dieses IETF-Versprechen, mit dem das Internet ad hoc seinen gigantischen Siegeszug über die technologieaffine Bevölkerung und vor allem Jugend in den USA mit weltweiter Ausstrahlung beginnen konnte.

Nun steckt der Teufel bekanntlich im Detail. Und ein solches Detail sind im Fall des obigen Netzes deren sogenannte „Knotenpunkte". Derartige Knotenpunkte erdachten und beuteten schon ab Beginn dieses Jahrhunderts die profitorientiertesten und zugleich trickreichsten der vorgenannten Hacker bzw. Piraten aus. Von diesen verstanden es technisch besonders einfallsreiche Persönlichkeiten, das „World Web" durch die zuletzt genannten Knotenpunkte zu „überbauen", was bedeutet, dass diese Unternehmer das immer noch frei gebliebene Netz als unterliegende Infrastruktur mit ihrer jeweils eigenentwickelten Plattform gratis nutzen, dann jedoch ihre darauf überliegende eigene Plattform nicht mehr mit offenen, sondern unangekündigt mit geschlossenen Standards ihren jeweiligen Nutzern zur Verfügung stellten. Dies geschah in durchaus hinterhältiger Art und Weise, weil die Plattformführer so taten, als ob sie weiterhin altruistisch operierten, weil sie den Usern ermöglichten, ihre Plattform gratis zu nutzen. Was sie allerdings verschwiegen, war die Tatsache, dass dafür die User mit einer zunächst verdeckten und immer rigoroseren und dadurch schließlich offensichtlichen Ausbeutung ihrer persönlichen Daten bezahlen mussten. Oder in den Worten des Google-Partners Andy Rubin: „Wir monetarisieren nicht die Dinge, die wir erschaffen … Wir monetarisieren die Leute, die sie nutzen" (Höppener und Piepenbrock 2023, S. 295).

Die derart trickreich gestaltete Ausnutzung geschlossener Standards spüren jene Plattformnutzer besonders schmerzhaft, die in diese auch Geld investiert haben. Das sind die vielen Blogger und Netzaktivisten wie auch Firmen, die auf bestimmten Plattformen umfangreiche Follower-Verbindungen aufgebaut und gepflegt haben. Wenn jemand von diesen auf eine andere Plattform wechseln wollte, musste er feststellen, dass er all seine oft mühsam aufgebauten bisherigen Follower-Potenziale verlor und bei Nutzung anderer bzw. neuer Plattformen wieder ganz von vorne mit einem Follower-Aufbau beginnen musste. Das können sich die meisten Blogger, aber auch Firmen finanziell gar nicht leisten. Sie gelangen dadurch in totale Abhängigkeitsfallen.

Zum weltweit wirkungsmächtigsten, aber auch skandalträchtigsten Fallensteller und zugleich geradezu krakenhaft über seine „Killer-Akquisitionen" zu einem Mega-Konglomerat herangewachsenen IT-Monopol hat es inzwischen der 1984 geborene Mark Zuckerberg mit seinem Netzwerkkonglomerat „Facebook" gebracht. Sein Vermögen hat inzwischen die Schwelle von 100 Mrd. $ weit überschritten. Mit einem Barvermögen von über 50 Mrd. $ war er stets in der Lage, jedwede Zerschlagungsaktivitäten der US-Monopolbehörden über die durch Facebook üppig finanzierten schlagkräftigen Mega-Anwälte-Teams im Keim zu ersticken. Noch reicher sind inzwischen seine Brüder im Geiste, nämlich Bill Gates mit seinem IT-Monopol „Microsoft" wie auch Larry Page und Sergey Brin mit deren Suchmaschine und IT-Holding „Google", die allein einen Wert von mehr als 200 Mrd. $ hat. Ebenfalls zu diesen Geistesbrüdern zählen, wenngleich auf anderen Anwendungsfeldern, der „Amazon"-Eigentümer Jeff Bezos sowie Elon Musk mit „Tesla" und neuerdings „X". Auch sie verstecken gerne wie die zuvor Genannten ihre vielen raffgierigen Tabubrüche und Kartellrechtsverletzungen hinter den oben geschilderten Mythen des „California Dreaming". Vor allem befeuern sie trotz ihrer offensichtlichen Monopolmissbräuche das Versprechen einer besseren, durchdigitalisierten, schönen neuen Welt, welche die analogen Strukturen weitgehend hinter sich gelassen hat. Dafür zeigen sie sich gerne im turnschuhbewehrten Hacker- bzw. Piraten-Outfit, wenn sie sich nicht z. B. für ihre Senatsanhörungen oder Empfänge im Weißen Haus doch im blauen Anzug oder sogar Smoking passender gekleidet wähnen.

3.3.2 „Dark-Enlightenment"-Aktivisten popularisieren trumpsche Wissenschafts- und Demokratieabwicklungen

Auf ähnliche Ziele hin, nur verschwörerischer ausgerichtet als bei den zuletzt beschrieben IT-Oligarchen, bewegen sich die Zukunftsversionen der „Dark-Enlightenment"-Aktivisten. Diese lehnen wie Trump & Co. rechtsstaatliche Demokratie sowie Wissenschaft und überhaupt jedweden zivilisationsprägenden Einfluss der US-amerikanischen Eliteuniversitäten ab. Letztere verspotten sie als „Kathedrale", die der Bevölkerung eine „aufgeklärte" und vor allem „woke" Denkweise aufzwingt. All dies wollen sie nicht reformieren, sondern schlichtweg abschaffen und durch eine libertäre Autokratie in Form einer per autoritäre CEOs geführten Aktiengesellschaft ersetzen. Der marode US-Staat soll dafür in einem Insolvenzverfahren per „hartem Reset" über diese Gesellschaft als Konkursverwalterin abgewickelt werden Die Aktiengesellschaft wiederum soll sich zumindest anfänglich auf die oben umrissenen IT- und Plattform-Oligarchen stützen. Eigentlicher Vordenker dieser Forderungen sind seit 2012 die Blogger Curtis Yarvin und Nick Land mit deren Aufsatz „Dark Enlightenment".[4]

[4] https://www.thedarkenlightenment.com/the–dark-enlightenment-by-nick-land.

Deren Forderungen sind erkennbar vom radikalen US-Libertarismus wie auch Neoliberalismus beeinflusst. Yarvin selbst bezeichnet seine Forderungen als „restaurativ".[5]

Die „Dark-Enlightenment-Bewegung" verbreitete sich zunächst in Angestelltenkreisen von Technologieunternehmen im Silicon Valley. Von da aus gewann sie auch über Blogger Einfluss auf libertäre politische Kreise einschließlich der Führungsgremien des oben dargestellten Atlas Networks, dann über diese wie auch den früheren Berater Trumps Steve Bannon als Mitglied der „Alt-Right"-Bewegung, die angeblich Yarvin bewundert, auch auf Trump selber, nicht zuletzt aber auch auf den Bewunderer Yarvins Elon Musk, der insbesondere Yarvins Vision eines „digitalen Feudalismus" viel abgewinnen kann. Letzteren versucht Musk schon jetzt über seine Plattform X durch Begünstigung rechtsextremer Accounts wie „Radio Genoa", „Peter Sweden" mit deren systematischen Desinformationskampagnen zu erreichen. Trump hingegen versucht parallel über Einschüchterungen und Geldsperre für Forschungseinrichtungen sowie die Zerstörung wie auch Zensur von Umwelt- und Gesundheitsbehörden Universitäten und Forschungsinstitutionen gefügig zu machen. Der Direktor seines Haushaltsbüros Russel Vought beschreibt diese Verfahrensweise so: „Wir wollen sie [die Behördenmitarbeiter, Forschenden und Lehrenden] traumatisieren. Wenn sie morgens aufwachen, sollen sie nicht zur Arbeit gehen wollen." (Grolle und Hecking, 15. Februar 2025).

Nach Vollendung ihres Zerstörungswerkes soll die künftige Macht in die Hände einer Tech-kundigen Elite gelegt und deren gesellschaftliche Kontrolle über Überwachungstechnologien und KI ausgeübt werden. Das verwirklicht Trump teilweise schon jetzt durch Personalpolitik à la

[5] https://de.wikipedia.org/wiki/Neoreaktion%C3%A4re_Bewegung Abgerufen: 4. März 2026.

„Thiel-Netzwerk“ mit Einschüchterungen und Institutionszerstörungen wie auch über Starlink und Neurotech. Die „Dark-Enlightenment“-Ideologie wirkt damit inzwischen wie ein medialer Katalysator für eine proautoritäre Demokratieabwicklung und Aufklärungszersetzung.

3.3.3 Dammbruch für weltweite Autokratieausbreitungen gegen Freiheit und Menschenwürde?

Als eine besonders laute und zugleich einflussreiche Stimme des zuletzt umrissenen Katalysatorprozesses hat sich jüngst Trumps Vizepräsiden J. D. Vance auf der Münchener Sicherheitskonferenz 2025 hervorgetan. Als langjähriger Yarvin-Verehrer wandte dieser dort die bekannten Tricks an, mit denen Autoritäre ihre Gegner immer wieder leicht in die Defensive zu drängen vermögen, nämlich indem sie ihren Gegnern genau das vorwerfen, was sie selber zu tun. Das ist im Falle von Trump sowie Putin & Co. die Abschaffung von Freiheit und Menschenrechten. Deshalb hat er konsequenterweise auf der Sicherheitskonferenz die Gefahr von Demokratiebedrohungen durch Russland, China und deren Unterstützer klein und die Abwehrmaßnahmen dagegen wie z. B. die Abwendung von demokratiezerstörerischen AfD-Bedrohungen als europäische Freiheitsbedrohung hochgejubelt und zu diskreditieren versucht. Dies verbunden mit der impliziten Drohung: „Entweder dürfen unsere IT-Oligarchen in Europa ihre Fake-News-Verbreitung und Nutzerausbeutungen ungestört weitermachen, oder das war es mit der Nato.“[6]

Besonders entlarvend für den durch die US-Regierung in 2025 urplötzlich veranlassten kulturstürzenden Damm-

[6] Vgl. dazu D. Esslinger, „Der Wahnsinn hat Methode“, in SZ Nr. 39 vom 17. Februar 2025.

bruch zugunsten ihrer Autokratiebrüder im Geiste war die fernsehinszenierte Attacke Trumps gegen den ukrainischen Präsidenten. Trump hatte bekanntlich versucht, ihn über eine offensichtliche Opfer-Täter-Umkehr als angeblich kriegstreibenden Diktator bei seinen Followern mit wildesten Lügenunterstellungen zu diskreditieren, verbunden mit seinem Bemühen, die Ukraine zur Kapitulation gegenüber dem russischen Aggressor durch (vorübergehende) Einstellung jedweder US-Militärunterstützung zu erpressen. Noch vor gut einem Jahrzehnt hätte man dies alles als klassischen Bündnisverrat bezeichnet und die USA von westlicher Seite dafür, soweit möglich, zu ächten versucht. Inzwischen jedoch nimmt man dies angesichts der aktuellen Bedrohung durch Putin zusammen mit der immer mächtigeren Autokraten-Internationale gegen die noch demokratisch verbliebene Weltgemeinschaft ohne jeden Aufschrei, sondern nur erstaunt sowie resignierend zur Kenntnis. So auch die daraus hervorgegangen 28 Punkte der all diese fundamentalen US-Kehrtwendungen seit Dezember 2025 in Schriftform betätigenden „Sicherheitsdoktrin". Ein inzwischen klar definiertes „Chaos als System".

Ein wichtiges Element für diesen Chaotisierungsprozess War und ist immer noch ist die Federalist Society, ein einflussreiches Juristennetzwerk, welches daran arbeitet, die Gerichte mit konservativen Richtern zu besetzen, die Eigentumsrechte über soziale Rechte stellen – alles pure hayeksche Ideologie. Die Tea Party, eine scheinbar spontane Basisbewegung, war in Wirklichkeit von oben finanziert und orchestriert, um Wut gegen das „Big Government" zu mobilisieren – während sie gleichzeitig für Steuersenkungen für Milliardäre kämpfte.

Erst heute erkennen wir rückblickend die strategische Dimension und damit verfolgte Agenda: Trump nutzte seine erste Präsidentschaft (2017–2021) als Feldversuch – um zu testen, wie weit man Institutionen demontieren,

Normen brechen und Loyalität über Kompetenz stellen kann, ohne dass das System kollabiert. Die Erfahrungen aus diesem Experiment wertete das Atlas Network aus, ein globales Netzwerk neoliberaler Thinktanks, das seit 1981 hayeksche Ideologie weltweit verbreitet. Zu diesem Netzwerk gehörte auch die Heritage Foundation, gegründet 1973 während der Nixon-Regierung als konservativer Thinktank.

2020 trennte sich die Heritage Foundation vom Atlas Network. Bemerkenswert dabei ist die zeitliche Koinzidenz: Parallel zur Trennung intensivierte die Heritage Foundation ihre Arbeit an Projekt 2025 – einem Vorhaben, das mit dem traditionellen Konservatismus der Reagan-Ära wenig gemein hat. Vielmehr lässt sich das Projekt 2025 als Versuch lesen, für Dark-Enlightenment-Ideen eine Blaupause zum Umbau des Staates nach autoritär-technokratischen Prinzipien zu liefern. Dann übergab die Heritage Foundation diesen Plan der MAGA-Bewegung. Kevin Roberts, der Präsident der Heritage Foundation, initiierte 2022 dieses Projekt. Rund 140 ehemalige Trump-Mitarbeiter wirkten als Autoren mit. Das 920-seitige Handbuch ist eine detaillierte Blaupause für die radikale Umgestaltung der US-Regierung und weit radikaler als alles, was das Atlas Network je propagierte. Es geht nicht mehr nur um Steuersenkungen und Deregulierung, sondern um den kompletten Umbau der Exekutive: Entlassung von 50.000 Bundesangestellten, Ersetzung durch Trump-Loyalisten, Abschaffung des FBI, Auflösung des Bildungsministeriums, Ende des Klimaschutzes.

Nach Trumps Wiederwahl Ende 2024 begann der Sprint. Was in „Projekt 2025“ vorgedacht war, wurde nun **systematisch abgearbeitet**. Bereits am ersten Tag seiner zweiten Amtszeit unterzeichnete Trump 26 Präsidialerlasse – mehr als jeder Präsident vor ihm an einem ersten Amtstag. In den ersten 100 Tagen folgten insgesamt 100

Executive Orders. Bis Oktober 2025 hatte er bereits 210 Präsidialerlasse unterzeichnet – die höchste Zahl im ersten Amtsjahr seit Franklin D. Roosevelt 1933. Trump verfügte den sofortigen Austritt aus dem Pariser Klimaabkommen. Das System der Checks and Balances wird faktisch zerstört. Eine **imperiale Präsidentschaft** entsteht – ein König der USA.

Die Demokraten wurden überrumpelt. Die Weltöffentlichkeit überrascht. Der politische Gegner war wie schockgefroren. Eine glänzend exekutierte Strategie kreativer Zivilisationszerstörung. Einer der schillerndsten Blogger dafür und darüber hinaus Kultstar durch seine Art Popularisierung dieser Machenschaften ist wie oben bereits berichtet Yarvin. Auch er will das demokratische System komplett zerstören – mit dem Zwischenziel eines „Corporate Sovereign" – einer Regierung, die nur aus Unternehmen besteht. Keine gewählten Politiker mehr. Nur Konzernchefs. Trump soll diese Transformation als „König" leiten.

Man sollte bei einer Bewertung all dieser bis vor Kurzem unglaublichen Vorgänge nicht den Fehlerbegehen, die USA und deren Bevölkerung insgesamt als eine die Weltordnung bedrohende, „Failed-State-Gemeinschaft" abzuschreiben. Vielmehr sollten wir die dort weiterhin für Rechtsstaatlichkeit eintretenden, widerstandsbereiten Demokraten nach besten Kräften zu unterstützen versuchen, was ja auch der US-Amerikaner und Bestsellerautor T.C. Boyle in seinem jüngsten *SZ*-Interview zum Trump-Phänomen implizit von den Deutschen erwartet. Er stellte dazu fest: „Diesen Kampf zwischen dem (ursprünglich idealistischen) liberalen und dem früher konservativen (heute neoliberal-plutokratischen) Amerika gab es immer schon … (aber) die Grundprinzipien unseres Landes gelten nicht mehr … die sozialen Medien, die Blogs, alles verstärkt sich jetzt gegenseitig. Und wir können da nur zuschauen … wir sind in etwa in der Situation wie Deutschland 1933 … in den USA sind die Demokraten … unter Schock, sie sind hoffnungslos. Die Linke muss jemanden finden, der ihr Banner trägt".[7] Das klingt trotz des bemerkenswerten NS-Staat-Vergleichs so, als ob Boyle immer noch hofft, dass es trotz des aktuell unübersehbaren Trump-Desasters in den USA nicht zu einer Höllenfahrt wie damals für Deutschland kommt.

Manches davon sah der US-Geschichtsprofessor Timothy Snyder schon vor der Widerwahl Trumps tiefschürfender. Mit Bezug auf das lügendurchsetzte Agieren der US-Republikaner führte er z. B. in seinem jüngsten Buch aus: „Wenn wir den Unterschied zwischen ‚es ist wahr' und ‚es fühlt sich richtig an' aus den Augen verlieren, sind wir **nicht** frei. Mächte, die größer sind als wir, werden unseren Verstand hacken, damit es sich richtig anfühlt". Er ergänzt dies sodann: „Der Versuch der wenigen Begüterten (in den USA), die Zukunft zu monopolisieren, verschließt die Zukunft für alle anderen" (Snyder 2024, S. 230 ff.). Snyder, und das ist für einen modernen Historiker höchst ungewöhnlich, spricht in den obigen Zitaten von „Mächten, die größer sind als wir" und die „unseren Verstand hacken könnten". Man könnte diesen Gefährdungshinweis weiterführend hinterfragen: Ist ein solches „Gehackt werden" nicht längst und spätestens seit der Widerwahl Trumps mit den danach von ihm in Gang gesetzten Kulturzerstörungen zumindest für die USA deren beherrschende Realität geworden? Werden dadurch in den USA für dieses Land und vielleicht sogar die weitere Weltentwicklung Menetekel für einen andauernden Kulturzerfall sichtbar, wie man diese im Januar 1933 speziell für Deutschland erkennen musste?

Die inzwischen unübersehbar vor allem von den USA ausgehenden Schockwellen offensichtlicher Demokratieabwicklungen und Kulturzerstörungen haben inzwischen auch deutsche Intellektuelle erreicht. So erkennen zeit-

[7] Boyle im Interview mit J. Häntschel, SZ Nr. 86 vom 12./13. April 2025.

gleich zu Boyle die Historiker L. P. Schmelter und J. de Weck, dass wir aktuell auch in Europa in eine „dunkle Zeitsituation" hineindriften. Deshalb müssten sich die „echten" Liberalen als Antwort an die reaktionären Neoliberalen sich „radikaler an das Versprechen der Aufklärung Freiheit, Gleichheit, Brüderlichkeit" halten.[8] Allerdings könnte man dazu hinterfragen:

- Genügen dafür allein solche Aufrufe samt wiederholende Universalien-Einforderungen nach der Französischen Revolutionslosung, um dem zuletzt umrissenen kulturellen Zerfallsprozessen Einhalt gebieten zu können?
- Finden sich dafür überhaupt in der BRD und in Europa genügend kompetente politische Anführer, die den von Snyder erkannten, mentalen Hackerangriffen seitens den Menschen überlegener Mächte widerstehen könnten?
- Und nicht zuletzt: Was können wir uns eigentlich unter überlegenen Mächten vorstellen, die unseren Verstand laut Snyder zu hacken vermögen? Es müssten ja vergleichbare Geistesmächte sein, wie sie seinerzeit die Deutschen während des Dritten Reiches „heimgesucht" haben – oder?.

[8] SZ Nr. 87 vom 14. April 2025.

Teil III

Geistige Dekadenzhintergründe

4

Was sind Geisteswesen und welche wirken wahrheit- oder chaosstiftend?

In einer im März 2025 von Sandra Maischberger moderierten Diskussionsrunde der ARD erregte der Journalist und Blogger Tilo Jung mit seiner Charakterisierung der zuletzt geschilderten Attacken Trumps auf westliche Freiheits- und Demokratiewerte heftigen Widerspruch bei den Mitdiskutanten. Jung hatte nämlich diese Attacken dahingehend gewertet, dass durch sie erkennbar würde, das Trump genau wie Putin Faschist sei und beide „wie Brüder im Geiste handeln". Die Widersprüche von Jungs Mitdiskutanten richteten sich dabei nur oberflächlich gegen Trumps Einordnung als Faschisten, vielmehr viel substanzieller gegen die Verbindung der beiden Autokraten als „Brüder im Geiste". Denn was ein Bruder im Geiste und was Geist als solcher überhaupt ist bzw. wodurch er oder sie das sein soll, dazu schien anders als im Falle Jung bei dessen Mitdiskutanten völlige Unklarheit zu herrschen. Letzteres dürfte durchaus auch für die Bevölkerungsmehrheit nicht nur in Deutschland, sondern weltweit zutreffen. Denn nach dem idealistischen Auf-

B. Schloen, *Chaos als System*,
https://doi.org/10.1007/978-3-658-50870-8_4

bruch der Aufklärung haben Materialismus und immer rascher voranschreitender Agnostizismus bis hin zum Atheismus ausgeprägte Geistferne hinterlassen.

Bezogen auf Agnostiker will ich damit keinesfalls sagen, dass diese sich niemals geistverwandten Themen wie z. B. Intelligenz, KI oder auch Elektrizität zuwenden. Das nämlich fällt ihnen schon deshalb leichter, weil derartige Geistaspekte mittels anerkannter naturwissenschaftlicher Methoden erforscht und sich so nahtlos in ihr materialistisches Menschenbild einfügen lassen. Das gilt insbesondere für das stets an Aktualität gewinnende Thema „Künstliche Intelligenz" (KI), wobei man bereits in der KI-Erforschung irritierenden philosophischen Konfusionen begegnet, nämlich solchen aus dem dafür erforderlichen Zusammendenken von Mensch und Geist. Nicht zuletzt auch der Frage: Besteht der Mensch nur aus Körperlichkeit oder ist er zugleich oder sogar vornehmlich ein Geisteswesen? Falls man Letzteres bejaht, dann stellen sich natürlich weiterführende Fragen, z. B. solche nach ggf. mit dem Menschen verbundenen oder auf ihn Einfluss nehmenden höheren Geisteswesen. Ferner: Sind solche Geisteswesen – und wenn ja, welche – für das im Vorkapitel beschriebene Chaos mit- oder sogar hauptverantwortlich? Und nicht zuletzt: Drohen durch solche Wesen wie schon in den 30er-Jahren in Deutschland erneute Heimsuchungen mit diesmal weltweiten Chaosverschärfungen?

4.1 KI-Diskurse offenbaren Menschenbildkonfusionen

Dass unsere Zivilisation entscheidend auf menschlicher Intelligenz beruht, das ist auch heute noch allgemeiner Konsens. Auch was unter dem dafür verwandten Fachbegriff „kognitive Intelligenz" üblicherweise zu verstehen ist. Nämlich die Fähigkeit zu planen, zu argumentieren und logische Schlussfolgerungen zu verwenden. Letzteres verbunden mit der Fähigkeit, abstrakt zu denken sowie Probleme autonom zu definieren und zu lösen. All dies ermögliche es dem Menschen, die Natur zu verstehen und auf diese zu reagieren.

Nun ist der dergestalt intelligente Mensch gerade dabei, sich selbst Erweiterungen seiner Informations-, Aktions-, Planungs- und Prozesssteuerungsmöglichkeiten zu erschaffen, und zwar in Form der sogenannten künstlichen Intelligenz (KI). Mittels dieser erhoffen sich nicht wenige Zeitgenossen das Entstehen von Heilsbringern für die Menschheit. Andere jedoch warnen eindringlich vor deren möglichen Menschheitsgefährdungen. Zu solchen Warnern gehört neben vielen anderen auch der bekannte britische Informatiker Geoffrey Hinton. Hinton sieht bereits derzeit Gefährdungen im Vollzug, da nach seiner Kenntnis kein KI-Anwender, weder Google noch Microsoft, sich bei der Entwicklung diesbezüglicher Technologien, insbesondere für die Internetmanipulation, zurückhält. So können alsbald „Wahlen durch massenhaft gefälschte Videos kompromittiert … und bessere Cyberangriffe“ geführt werden. Zudem können „die Mächte dieser Welt … KI auch nutzen, um autonome, tödliche Waffensysteme zu entwickeln“.[1]

Das inzwischen vielfältige Meinungsspektrum zur KI ist schon heute teilweise so komplex, dass ein weiteres Eingehen darauf den Rahmen dieses Buches sprengen würde. Nur so viel meine ich an dieser Stelle als Thesen aus meiner KI-Bewertung anmerken zu sollen:

- Ob sich die KI künftig als Segen oder aber als Fluch für die Menschheit erweisen wird, das hängt entscheidend davon ab, mit welchem Bewusstsein und welcher Mora-

[1] „Ultimativ droht die Auslöschung der Menschheit“. In: Spiegel Nr. 38 vom 14. September 2024, S. 64.

lität die Menschheit insgesamt deren Möglichkeiten weiterentwickelt, kontrolliert und letztendlich nutzt. Insoweit gilt für die KI dasselbe wie für das Internet, wobei die künftigen Auswirkungen beider elektronischer Nutzungsbereiche entscheidend davon abhängen, welche Menschenbilder und daraus abgeleitete Anwendungsleitplanken global zur praktischen Anwendung kommen. Vor allem ob diesbezüglich weltweite Übereinkünfte erreichbar sind und eine menschheitsfördernde Kontrolle von KI-Entwicklungen gelingen kann.

- Bezüglich Letzteren kann man schon deshalb berechtigte Zweifel hegen, wenn man an die in den Folgeabschnitten ausführlich zu würdigenden Internetmanipulationen und vor allem deren jugendgefährdende App-Missbräuche denkt. Zweifel ergeben sich aber auch aufgrund der unübersehbar verbreiteten Oberflächlichkeit und Verantwortungslosigkeit vieler zeitgenössischer Persönlichkeiten und davon selbst solcher, die verbreitet den sogenannten Intellektuellen zugerechnet werden.
- Letzteres kommt z. B. in dem geistfernen Menschenbild des Historikers Yuvals Noah Harari, aber auch vielen anderen der den philosophischen Mainstream beherrschenden Agnostiker zum Ausdruck. So mache laut Harari der wissenschaftlich-technische Fortschritt das humanistische Menschenbild obsolet. Die Menschheit, so schlägt er vor, möge sich doch bitte zunehmend der ihr überlegenen Intelligenz von Algorithmen überantworten. Was jedoch dadurch alles geschehen kann, das lässt sich bereits jetzt in China beobachten. Hier beherrscht bekanntlich ein autoritäres Regime per digitalem Überwachungsstaat mit strikter Verhaltenskonditionierung seine Bevölkerung im geradezu orwellschen Sinne.
- Gegen die geradezu zynisch wirkende KI-Naivität eines Harari und gegen weitere in KI-Diskursen auftauchende

Infragestellungen des humanistischen Menschenbildes wendet sich vehement der Philosophie- und Psychiatrieprofessor Thomas Fuchs. Er kritisiert in diesem Zusammenhang auch Naturalismus wie jene „Biowissenschaften“, die auf eine Eliminierung des Lebendigen hinauslaufen. Fuchs glaubt, ein wirksames Gegenmittel gegen derartige atheistische Infragestellungen des aus der Renaissance überkommenen christlich-humanistischen Menschenbildes durch die Betonung von Menschenwürde einerseits sowie die Vergegenwärtigung der „Leiblichkeit“ unseres Daseins andererseits gefunden zu haben. Er nennt dies „konstitutive Leiblichkeit und Lebendigkeit“ jedes Menschen. So plädiert Fuchs für einen „Humanismus des lebendigen, verkörperten Geistes“, eben weil aus seiner Sicht „der Mensch kein dualistisch zweigeteiltes Wesen aus Geist und Körper (sei), sondern vor allem ein Lebewesen aus Fleisch und Blut“, als solches „sich zugleich erlebend und seiner selbst bewusst“. Damit glaubt Fuchs überzeugende Antithesen gegen KI-Sichten insbesondere des sogenannten Funktionalismus liefern zu können, wonach Bewusstseinsphänomene des Menschen schlicht auf Prozesse neuronaler Informationsverarbeitung wie bei den KI-Algorithmen zurückzuführen seien (Fuchs 2020, S. 10 f.).

- Aus all dem ist unschwer erkennbar, dass heute eine weitgehende Begriffs- und Vorstellungsverwirrung bezüglich Phänomenen wie Geist, Materie und Lebendigkeit, aber auch Energie und elektronisch basierter Intelligenz herrscht. Gegen diese Verwirrungen soll über die anschließenden Betrachtungen versucht werden, mehr Ordnung sowie Einsichtigkeit für Geistphänomene zu schaffen, dies aber stets über ein spirituelles, aber auch naturwissenschaftlichen Anforderungen gerecht werdendes Menschenbild.

4.2 Intelligenz, Energie und Geist: Begriffliches, Vorstellbares und Kulturentscheidendes

Zu den ersten beiden Überschriftworten gibt es wie schon angedeutet natur- und zudem erfahrungswissenschaftliche Begrifflichkeiten. Letztere fehlen jedoch für das heute zunehmend aus dem Allgemeinbewusstsein verdrängte Phänomen Geist. Selbst in den traditionellen Geisteswissenschaften sucht man vergeblich nach einer klaren Begrifflichkeit hierfür. Sie versucht nicht einmal ihre eigene Existenzberechtigung zu rechtfertigen, geschweige denn zu erklären. Vielleicht sollte sich schon deshalb die traditionelle Geisteswissenschaft bescheidener als „Kulturwissenschaft" bezeichnen. Denn auch die durchaus auch auf die Erforschung geistiger Phänomene ausgerichtete Psychologie versteht sich weniger als Geisteswissenschaft, sondern primär als „Erfahrungswissenschaft". Als solche wiederum bedient sie sich statistischer Methoden des Verhaltensvergleichs wie auch der Wirkungsanalyse von z. B. Psychopharmaka. Ein gutes Beispiel hierfür sind medikamentöse Therapierungen von Borderlined-Erkrankungen durch Neuroleptika. Mit diesen versuchen psychologisch ausgebildete Mediziner, schwerwiegend erkrankte Borderlined-Patienten – wie es in der Fachsprache heißt – „richtig einzustellen"; dies nicht selten mit bemerkenswerten Erfolgen. Dass Neuroleptika als Teil professioneller Therapien so erfolgreich sein können, beruht aber keinesfalls auf irgendwelchen Geisterkenntnissen. Vielmehr ausschließlich auf biochemischen Experimenten nach reinen Zufallsprinzipien. So arbeiten eben naturwissenschaftlich basierte Erfahrungswissenschaften. Ähnliches gilt für die bisherige Erforschung sonstiger Psychosen und Neurosen wie z. B. des besonders bei Politikern gerade in jüngster Zeit so ins Auge stechenden Narzissmus. Mit Narzissmus werden bekanntlich Verhaltensauffälligkeiten beschrieben, die im Extremfall als „seelische Krankheit“, niemals aber von ernst zu nehmenden Fachleuten als „Geisteskrankheit“ bezeichnet werden. Zwischen Seele und Geist, darauf werde ich in den folgenden Abschnitten genauer eingehen, besteht zwar ein Zusammenhang, aber eben dennoch ein großer Unterschied.

So blieb in sämtlichen Wissenschaftsdisziplinen – mit der großen Ausnahme anthroposophischer Geisteswissenschaft – das Thema Geist ein eher ungeklärter Elefant im Raum. Dieser Elefant offenbart sich auch nicht dadurch, dass man Geist lediglich als besondere Form von Energie ansieht oder über diese zu definieren versucht. Denn: Energiebegriffe sind ebenfalls rein materialistischen Ursprungs. Energie wird dort ganz schlicht als ein physikalisches System erklärt, das in dem Maße Wärme abgibt, Arbeit leisten oder Strahlung aussenden kann, in dem seine Energie sich verringert (= Energieerhaltungsgesetz). Danach ist Energie also nichts anderes als ein bestimmter Aggregatzustand von Materie, wobei diese Art von Begrifflichkeit durchaus hinterfragt werden könnte, nämlich ob Materie als Polarität zum Geist zu verstehen oder andererseits ob Materie überhaupt ohne Geist bzw. Geist ohne Materie sein kann?

Leider hilft uns bis heute auch das Gros der aktuellen Theologen nicht weiter. Sie haben es nämlich weitestgehend versäumt, sich mit den heute so eminent bedeutend geordenen und für unsere weitere Kulturentwicklung so entscheidenden Fragen, nämlich der Erklärung von Geist und vor allem dem Zusammenhang von Geist und Seele, zu befassen. So geistlich alleingelassen mag mancher Leser geistige Anknüpfungspunkte im griechischen oder germanischen Götterkosmos suchen. Dafür könnte er sich z. B. Thor und seinen blitzerzeugenden Hammer vor Augen führen und dazu hinterfragen, ob denn zumindest Energie oder Blitze geistig oder etwas Geistähnliches sein könnten. Darauf würde allerdings ein heutiger Physiker trocken antworten: Blitze sind lediglich die materielle Spiegelung von Prozessen energetischer Entladungen, auch als dynamische Elektrizität bezeichnet. Punkt!

Dass sich so weitreichende Erkenntnislücken bezüglich des Wesens von Geist und Geistigkeit trotz ungeheurer Fortschritte in der Naturerkenntnis ausbreiten konnten, das dürfte auch daran liegen, dass nur sehr wenige Individuen der Kernaufforderung griechischer Mysterien zu folgen bereit waren und sind. Nämlich deren bekanntem Ruf: „Oh Mensch, **erkenne dich.**" Was bei tieferem Überdenken ja bedeuten soll: Erkenne dich **als geistiges** Wesen! So wie es damals Schiller für sich getan hat, der sagte: „Es ist der Geist, der sich den Körper schafft". Was jedoch das Gros der heutigen Menschheit, dies allerdings mit der gewichtigen Ausnahme von praktizierenden Buddhisten wie auch Anhängern von esoterischem Christentum und dem Islam folgenden Sufis, eher umgekehrt denken: Nämlich, dass es der Körper ist, der sich bestenfalls so etwas Ähnliches wie Geist schafft, und dies vom embryonalen Stadium bis zum Erwachsenwerden. Damit wähnen sie dann Geist als letztendlich der Materie entstammend. Eine dergestalt agnostisch bis atheistisch geprägte Grundauffassung lähmt natürlich die Bereitschaft zu innerer Selbsterkenntnis. Das wiederum befeuert geradezu jene religiösen Degenerationen, die ich in den Folgeabschnitten noch genauer beschreiben werde. So entstehen Ausbreitungsräume auch für die oben beschriebene „Dark-Enlightenment"-Bewegung mit deren Kultur- und Wissenschaftsattacken. Und so driften parallel zu diesen nicht nur evangelikale Mega-Churches, sondern auch die russische Orthodoxie in regelrecht satanische Rituale ab.

Dass es in naher Zukunft zu einem derartigen Kulturzerfall auch und gerade in der sich christlich nennenden Welt kommen könnte, das sah schon vor gut einhundert Jahren der damals berühmte russische Religionsphilosoph Wladimir Solowjow voraus, nämlich dass „… die wahrhaft Gläubigen eine zahlenmäßig unbedeutende Minderheit ausmachen (werden) und der größte Teil der Menschheit dem Antichrist folgt“ (Systenko und Systenko 2016, S. 10 ff). Dem Antichrist, also dem „Geist des Irrtums nicht zu verfallen“, bedarf nach Solowjow „… einem Durchdrungensein vom Geiste Christi … (so) dass man guten Gewissens sagen kann, ob diese oder jene Handlung ein positives Mitwirken mit Christus ist“. Die eine solche Art „moralischer Selbstbestimmung“ anmahnende Sicht Solowjows soll die nachfolgend von mir anzuregenden Überlegungen zu einem „wahrhaftigen Universalismus“ erleichtern.

4.3 Verständnisschlüssel für Verursachungsthesen zum aktuellen Zeitgeschehen

Zum Verstehen der zuletzt nochmals umrissenen, sich dramatisch zuspitzenden Weltlage benötigt man zumindest zweierlei, nämlich zum einen eine nachvollziehbare, klar strukturierte Faktenzusammenschau der zu dieser Lage hinführenden Prozesse samt lageprägenden Ereignissen, wie ich diese im ersten Teil dieses Buches darzustellen versuchte. Immerhin konnte ich dafür auf eine Vielzahl von hervorragenden Analysen, aus denen ich ja auch häufig zitiert habe, zurückgreifen. Zum anderen braucht man aber, um nicht zuletzt die jüngsten geradezu chaotischen Geschehnisse wirklich verstehen zu können, ein Hintergrundwissen über die Verursacher derselben. Kurz: Man sollte schon in der den Mut haben, die Prozesse in Richtung auf die dahinterstehenden Verursacher und deren Motive durchschauen zu lernen. Beim Versuch aber, zitierbare Urteilsgrundlagen für Letzteres zu finden, half mir der wissenschaftliche Mainstream herzlich wenig. Deshalb musste ich wie bereits in der Einführung vermerkt in eine Tabuzone im Sinne einer wissenschaftlichen „No-Go-Area“ vorzudringen versuchen. Solches hat selbst Hanna Arendt in ihrem weltberühmten und von mir oben häufig zitierten Werk über das Wesen „autoritärer Herrschaft“ tunlichst vermieden. Dort findet man nämlich zu den Entstehungshintergründen und Antriebskräften der NS-Herrschaft, die ich als „erste Heimsuchung“ bezeichnet habe, kein einziges Wort.

Hanna Arendts Deutungszurückhaltung ist für jeden erklärlich, der berücksichtigt, dass jede Art solcher Deutungen ein Vordringen in Bereiche erfordert, die Aufklärungsphilosophen als „Metaphysik“ und spätere Zeitgenossen als „Geheimwissenschaften“ benannt haben. Davon hätte ich die Leser dieses Buches gerne verschont, wenn nicht die Nutzung solcher Quellen für das zuletzt angemahnte Prozessdurchschauen nach meinem Dafürhalten so unentbehrlich wäre. Zu solchen Quellen zähle ich bestimmte Grundlegungen zur anthroposophischen Geisteswissenschaft wie auch Entwicklungsvorhersagen Rudolf Steiners gerade für das jetzige Jahrhundert. Was ich davon sogleich in eigenständiger Verdichtung ausführe, dass bitte ich den Leser als durch ihn kritisch zu überprüfendes und allein von mir zu verantwortendes Deutungsangebot zur Kenntnis zu nehmen. Wenn für ihn zumutbar, möge der Leser oder die Leserin erst am Schluss der folgenden beiden Kapitel mittels Zusammenschau der darin enthaltenen Thesen endgültig die Frage beantworten, inwieweit er oder sie all das Ausgeführte für sich als plausibel ansieht und ob er oder sie damit das aktuelle Weltgeschehen von dessen Antriebskräften und Verursachungen her besser zu verstehen vermag als ohne dasselbe.

Mein nachfolgendes Thesenangebot ist weder für mich noch sollte es dies für den Leser irgendein religiöses Dogma sein oder werden. Vielmehr sehe ich in diesem ein analytisches Erklärungswerkzeug. Vor allem zur Erklärung der sowohl von klugen Journalisten wie auch der Weltöffentlichkeit bisher kaum durchschauten Handlungsantriebe aber auch verführerischen Wirkungsmächtigkeit von Donald Trump .Ganz im Gegensatz dazu sind z. B. die vor gut einhundert Jahren gegebenen Darstellungen von Solowjow zum Vorgehen und Verhalten des Antichrist und deren Übereinstimmung mit den Lügen und Chaosstiftungen durch Trump phänomenologisch geradezu verblüffend: Z. B. hinsichtlich Trumps Ankündigung**, sofort Frieden in der Ukraine** herbeizuführen. Seine verführerische Selbstdarstellung als Friedensstifter, der nach eigenem Bekunden den **Friedensnobelpreis** verdient hätte. Seine Vision von **unbegrenztem Wohlstand** durch US-Tech-Oligarchen und globaler Vorherrschaft bei KI. Seine Behauptung, Amerika zur **größten und mächtigsten Nation aller Zeiten** zu machen. All das sind klassische Erlöserversprechen – und sie funktionieren zumindest eine Zeit lang, **weil sie ein tiefes menschliches Bedürfnis ansprechen:** den Wunsch nach einfachen Lösungen, nach einem starken Führer, nach Größe ohne Mühe. Solowjows Antichrist-Figur hilft uns zu verstehen, **warum diese Verführung so wirkmächtig ist** – und warum sie letztlich in Katastrophen führt.

Bevor ich aber mit der Herleitung meines Thesenangebots beginne, möchte ich zur Einstimmung der Leser einige Vormerkungen zu den für deren Herleitung wichtigen Aussagen Rudolf Steiners voranstellen. Dieses insbesondere zur Frage, wie denn Rudolf Steiner zu den für seine Anhänger angeblich so bahnbrechenden Erkenntnissen aus seiner anthroposophischen Geisteswissenschaft gekommen sein will. Letzteres geschah nach seinen Worten durch ein für viele Leser sicherlich befremdlich klingendes „leibfreies Schauen in die geistige Welt". Dadurch konnte er nach seinen Aussagen von ihm „hellsichtig" geschaute geistige Wesen und von diesen gehörte Mitteilungen wahrnehmen. Diese Wahrnehmungen wiederum habe er sodann „leibgebunden", also genau wie wir dies alle über unsere durch Gehirn und Nervensystem vermittelte Intellektualität tun, in allgemein verständliche Zusammenhänge und Kategorien geordnet, wobei er bei dieser Ordnung stets seine „hellsichtig" gewonnenen Erkenntnisse mit ihm intellektuell verfügbaren Forschungsergebnissen abgeglichen bzw. kontrolliert habe. Das Ergebnis dieser von Steiner so entwickelten „anthroposophischen Geisteswissenschaft" schlug sich letztendlich in einem gigantischen Vortragswerk von über zehntausend mitstenografierten Seiten und dazu 28 durch ihn veröffentlichten Schriften mit zusätzlich Tausenden Seiten nieder, darunter seine Dissertation „Philosophie der Freiheit" sowie sein Grundlagenwerk „Geheimwissenschaft im Umriss". Alles zusammen komplexe Aussagen widerspruchsfreier und sich gegenseitig zu einem geschlossenen Weltbild ergänzende, umstürzende Erkenntnisse. Eigentlich selbst für ein Genie unmöglich, sich solch einen komplexen Kosmos einfach auszudenken.

Steiner hat bezüglich der sich gegen diesen seinen Kosmos wendenden, einflussreichen Gegnerschaft zum Schluss seines Lebens darauf hingewiesen, dass seine Anthroposophie und insbesondere die darin enthaltene Christosophie auf den allerschärfsten Widerstand der nachfolgend noch zu erläuternden „antichristlichen Geisteswesen" treffen werde. Letztere würden Anthroposophie „mit allen Mitteln und Methoden aus dem öffentlichen Leben zurückzuweisen versuchen" (Steiner 1925, S. 57), wobei diese Rolle noch zu seinen Lebzeiten und auch bis heute vornehmlich katholische Theologen und von diesen insbesondere Mitglieder des Jesuitenordens übernahmen. Sie haben ihre zuweilen plumpen, aber oftmals durchaus aggressiven Attacken häufig über subtil wirksame Presseunterstützung verbreitet, so auch jüngst z. B. über den *Spiegel*. In dessen im August 2024 mit großem Goetheanumbild aus Dornach (Schweiz) Publikumswirksamkeit erheischenden Steiner-Bashing ging es zum wiederholten Male darum, das aus der philosophisch unterbelichteten Sicht einzelner *Spiegel*-Redakteure „verquere Menschenbild" Rudolf Steiners zu diskreditieren. Anlass dazu waren in diesem Fall Leserbriefe von jungen Studienteilnehmerinnen an Waldorfschul-Seminaren, die in dem Artikel mit der reißerischen Überschrift zitiert wurden: „Ich habe mich in den Seminaren gefühlt, als würde ich immer dümmer werden", wobei für ein „Dümmerwerden" in dem Artikel keinerlei Indizien, geschweige denn konkrete Begründungen gegeben wurden. Vielmehr entpuppte sich das Steiner-Bashing gegen Ende des Artikels als von einem sogar laut *Spiegel* als „ausdauernden Steiner-Kritiker" bezeichneten Helmut Zander insinuiert. Dieser agiert als Anthroposophiebekämpfer des schon ein Jahrhundert überdauernden katholischen Professorennetzwerks gegen Steiners Geisteswissenschaft.[2]

Was aus Steiners solchermaßen unverändert heftig attackiertem Kosmos für das Verständnis meiner daraus entwickelten Thesen so wichtig ist, das sind deren von mir nachfolgend verdichteten Grundzüge zu seiner „Menschenkunde" und seiner mit dieser verbundenen „Christosophie".

4.3.1 Der Mensch als sich wiederverkörperndes Geist- und Seelenwesen

Steiner unterscheidet in seiner anthroposophischen Menschenkunde anders als die heutige Medizin zwischen sieben elementaren Wesensgliedern des Menschen, wovon drei

[2] Vgl. Spiegel Nr. 34 vom 27. August 2024, S. 47 ff.

seelischer Art, zwei von rein geistiger Wesenhaftigkeit, eins von ausschließlich physischer Beschaffenheit und ein weiteres wiederum als lebensstiftendes Verbindungsmedium (= „Bildekräfte- oder Astralleib“) zwischen all diesen fungiert. Für das nachfolgende Gedankenexperiment werde ich dem Leser davon nur drei Wesensglieder zum Verständnis des danach Ausgeführten schildern, nämlich:

1. **„Physischer Leib“:** Diesen bezeichnen wir in unserer Alltagssprache üblicherweise als Körper. Beide Bezeichnungen meinen dasselbe und sind auch identisch mit den Vorstellungen unserer modernen Medizin wie Biologie über menschliche Körperlichkeit. Diese umfasst ja nach diesen Disziplinen sowohl die äußere Hülle des Menschen samt Anatomie der darin eingeschlossenen Organe einschließlich Gehirn und Nervensystem wie auch die Wissenschaft von deren Funktionen. Die herausragenden Erkenntnisse wie auch Heilungs- und Therapieerfolge dieser (Schul-)Medizin wurde von Steiner nicht nur vollumfänglich anerkannt, sondern auch immer wieder gewürdigt, wobei der physische Leib des Menschen bekanntlich über sogenannte Gene aufgebaut und weiterentwickelt wird. Genetische Veranlagungen sind danach erblich bedingt. Demnach sind die Ausprägungen menschlicher Gene und Körperlichkeit Ergebnis von Jahrmillionen währender Selektionsprozesse, so wie sie Charles Darwin in seinem berühmten, auch von Steiner hochgelobten Buch „Die Entstehung der Arten“ geschildert hat. Auch insoweit deckt sich anthroposophische Geisteswissenschaft vollumfänglich mit „konventioneller“ Wissenschaft einschließlich deren Vererbungsforschung
2. **„Ätherleib“:** Einen Ätherleib findet man präzise beschrieben nur in Steiners Anthroposophie dargestellt. Der heutigen Natur- wie auch traditionellen Geisteswis-

senschaft ist ein solcher Leib unbekannt. Steiner dagegen nennt diesen für leibliche Organe des Menschen unsichtbaren Leib auch „Bildekräfteleib“, was dessen Funktion deutlicher beschreibt, nämlich den physischen Leib in dessen Wachstum konfigurationsmäßig zu gestalten und dessen Organfunktionen – laienhaft ausgedrückt – anzutreiben bzw. energetisch zu versorgen. Den Äther- bzw. Lebenskräfteleib kann man deshalb auch als Gestaltbildner und Lebensspender bezeichnen, wobei Letzteres bei jedem Menschen im Falle seines Todes augenfällig wird. Letztere tritt nämlich erst dann ein, wenn der Ätherleib den physischen Leib verlässt. Genau ab dem Moment pflegen Mediziner heute vom „klinischen Tod“ eines Menschen zu sprechen. Von da an beginnt bekanntlich der physische Leib sich in seine Elemente aufzulösen.

3. **„Geistleiber und deren seelische Ausprägungen“:** Diese strukturieren laut Anthroposophie den heutigen Menschen in fünf weitere Wesensbereiche. Letztere sind in den aktuellen Natur- und traditionellen Geisteswissenschaften genauso wie der Ätherleib weitgehend unbekannt. Ausnahmen dazu finden sich neben den Schriften einzelner Religionsgelehrter, Mystiker und Theologen wie auch bei Lessing. Weiterhin bei deutschen Klassikern und Philosophen, von diesen wiederum hervorstechend bei Fichte mit dessen engagierter Ich-bin-Setzung. Ferner in der Geistphilosophie Hegels wie dessen späteren Schülern. Aber selbst bei all diesen findet man keine annähernd so konkrete und ausdifferenzierte Beschreibung von Geistleibern und deren seelischen Ausdifferenzierungen wie in Steiners Anthroposophie. Genau deshalb kann auch nur über diese der weitgehend ungläubige, moderne Mensch eine Geistbeziehung entwickeln. Letzteres vor allem auch bezüglich der Überzeugung, dass er nach Tod seines

physischen und Ätherleibes mit seinem höheren Ich sowie seinen mit diesem besonders eng verbundenen Geist- und Seelengliedern weiterlebt, er sich also über diesen unsterblichen Wesenskern stets weiter (re-)inkarniert. Wobei das in der Anthroposophie gebräuchliche Wort „Inkarnation" ja schon andeutet, dass sich der geistig-seelische Wesenskern eines jeden Individuums über diesen Prozess mit einer physisch-„fleischlichen Hülle" umgibt (Steiner 1904/1980, S. 20 ff.).

Dabei hängen Charakterveranlagungen in den einzelnen Wiedergeburten nach Steiner entscheidend davon ab, inwieweit die jeweilige Individualität, während ihrer letzten bzw. vorherigen Inkarnation(en) spirituelle Gedanken verfolgt oder sich mit geistigen Fragen auseinandergesetzt hat. Das bedeutet: Ob jemand während seines (ihres) Erdenlebens geistbezogen und auch im Großen zu denken gelernt und vielleicht sogar christusentschieden gehandelt hat. Letzteres prägt ganz wesentlich die Initiativ- sowie Begeisterungsfähigkeiten in den Folgeinkarnationen. Was er (sie) aber aus diesen geistig-seelischen Veranlagungen letztendlich macht bzw. machen kann, das hängt auch von den jeweils ererbten genetischen Leistungspotenzialen und nicht zuletzt auch von der ihm (ihr) angediehenen Erziehung maßgeblich ab.

4.3.2 Kosmischer Christus und mit diesem im Kampf befindliche Widersachermächte

Der zuletzt geschilderte ewige Kern des Menschen gehört insbesondere über sein höhers Ich der geistigen Welt an. In dieser, und das ist für das Verständnis meiner weiteren Ausführungen entscheidend, begegnet er, sofern er es denn will schon während seiner jeweiligen Inkarnation, dem kosmischen Christus. In jedem Fall aber beeinflussen ihn, auch wenn er dieses nicht will und wie sohäufig gar nicht bemerkt, und auch gar nicht erkennt, dessen antichristlichen Widersachern.

Steiner identifiziert den kosmischen Christus als jenen hohen Sonnengeist, dem bereits die alten Mysterien gehuldigt hatten, den als Lichtgestalt die Perser als Ahura Mazdao bezeichneten und die Inder als Vishwa Kama verehrten. Die Ägypter nannten jenen Geist Osiris-Horus, die Griechen Apollon und die Germanen Baldur (Steiner o. J.a, S. 117–130).

Der dergestalt von allen bedeutenden Kulturen des Altertums verehrte Sonnengeist wurde laut Steiner von der höchsten geistigen Macht, „dem Vatergott“, auf die Erde geschickt, damit Menschen sowohl ihre Freiheitsfähigkeit erlangen als auch das dafür erforderliche intellektuelle Denkvermögen samt autonomer, individueller Entscheidungsfähigkeit entwickeln können. Was alles von dem vorübergehend als Jesus Christus inkarnierten, vormaligen Sonnengeist im Zusammenwirken mit Luzifer und Satan-Ahriman ausgehen sollte. Die luziferischen Wesenheiten sollten bei Menschen Impulse zur Freiheit weiter verstärken, satanisch-ahrimanische Wesenheiten die Weiterbildung von deren Intellektualität unterstützen. Nur – und damit komme ich zum Problemkern dieses Buches – die zuletzt genannten Geistesmächte wurden nach der vorübergehenden Menscheninkarnation des vormaligen Sonnengeistes immer mehr zu dessen Widersachern. Also zu Widersachern des weiterhin auch auf der Erde wirksamen kosmischen Christus. All das, was die Widersacher zunächst positiv für die Menschheit mitgefördert hatten, begannen sie mehr und mehr zu missbrauchen, um die menschliche Intelligenz in ihre eigenen außerchristlichen Herrschaftsbereiche zu überführen. Was bedeutete und mehr denn je bedeutet: die Menschen von sich abhängig zu machen anstelle einer Beförderung menschlich-individueller Freiheit.

Den dadurch sich seit der Großen Französischen Revolution zwischen dem kosmischen Christus als deren Inspirator und auch über diese Wegbereiter individueller Freiheit das Christusbestreben bekämpfenden Widersachern sich entzündenden Geisteskampf habe ich schon im ersten Teil dieses Buches behandelt. Dabei ging es mir vor allem um die Umsetzungsproblematik für unerfüllte Vermächtnisse der Französischen Revolutionslosung. Denn gerade die spirituelle Bedeutung dieser Vermächtnisse wurde von den sich christlich nennenden Kirchen bis heute kaum verstanden. Diese anerkennen so gut wie gar nicht das Weiterwirken eines kosmischen Christus, sondern nur den historischen Jesus als den guten Menschen aus Nazareth. Insbesondere dadurch versäumen sie und am meisten von ihnen die orthodoxen und katholischen Kirchen, überhaupt für individuelle Freiheit und Menschenwürde auf der Grundlage gesellschaftssolidarischer Rechtsstaatlichkeit einzutreten.

4.4 Thesen zur ökonomischen Kulturverengung und Vorhersagen zu Menschlichkeitsvernichtungen

Das zuletzt umrissene Versagen christlicher Kirchen erweist sich aktuell vor allem bezüglich jener antichristlichen Geisteswesen als fatal, die in der Bibel als satanisch und von Steiner in Anlehnung an die persische Mythologie als „ahrimanisch" bezeichnet werden. Ahriman hat sich laut Steiner „Intellektualität zu einer Zeit angeeignet … (in der) er sie nicht verinnerlichen konnte. (So) blieb sie eine Kraft in seinem Wesen, die mit Herz und Seele nichts zu tun hat. Dadurch würden Menschen, die von ahrimanischen Impulsen ergriffen werden, eine Logik entwickeln, die in erbarmungsloser, liebloser Art für sich selbst zu sprechen scheint – in

Wahrheit aber spricht Ahriman in ihr“ (Selg 2021). Auch weil das so ist, konnte Steiner genauso wie Solowjow schon vor hundert Jahren voraussagen, dass schon im Lauf des jetzigen Jahrhunderts zweierlei immer dominanter werden wird, nämlich zum einen die bereits oben angedeutete und in den nächsten Abschnitten noch ausführlicher darzulegenden, religiösen Degenerationen mit dem letztendlichen Verdorren derselben. Zum anderen und damit korrespondierend eine einseitig ökonomische Kulturbeherrschung. Was sich empirisch nachweisbar in jenen Prozessen zeigt, die ich in den letzten beiden Abschnitten von Kapitel drei zu verdichten versucht habe.

Unter Auswertung dieser empirischen Befunde und deren Abgleich mit den Hintergrunddeutungen der Zukunftsprognosen Steiners gelange ich zu folgenden, allein von mir zu verantwortenden Thesen:

1. **Grundsatzthese:** Antichristliche Geisteswesen und von diesen insbesondere Satan-Ahriman sind bestrebt, sich die **menschliche Intelligenz** zu **unterwerfen,** auch um die Menschheit dem kosmischen Christus abspenstig zu machen.
2. **Instrumentale These:** Die antichristlichen Geistwesen versuchen dafür, Menschen immer mehr zu einem **egoistisch-ökonomischen Nützlichkeitsdenken** zu verführen, was bereits jetzt maßgebende Politiker veranlasst, nur noch als „Handlanger des ökonomisch-konditionierten Menschen“ zu handeln; alles andere wird von ihnen substanziell nicht mehr als relevant erachtet; auch nicht die Welt der Ideen.
3. **Vorgehensthese:** So versuchen antichristliche Geisteswesen, Staaten und supranationale Gemeinschaften über völkisch-rassistisches Denken zu zersetzen und gegeneinander durch Fixierung auf Vererbungsverhältnisse auszuspielen.

Diese Thesen, das erlaube ich mir an dieser Stelle nochmals zu wiederholen, sollen lediglich ein Angebot an den Leser dafür darstellen, aktuelle Chaosprozesse von deren dahinterstehenden Verursachern her besser zu verstehen. Jeder Leser und jede Leserin möge demnach selbst darüber entscheiden, ob und wenn ja, inwieweit er oder sie diese Thesen für plausibel hält oder eben nicht. Man möge bei solchen Prüfungen oder Überlegungen, soweit einem oder einer noch danach ist, zudem wichtige Vorhersagen Steiners berücksichtigen. So warnte und prophezeite derselbe gerade für dieses Jahrhundert: Sollte es durch Anthroposophie nicht mehr gelingen, ein immer breiteres, religiöses Verdorren abzuwenden, dann drohten eine weitere „Flucht vor Ideen … (sowie ein) gelähmter … Wille zu leitenden Zukunftsideen" (Steiner 1922, S. 167), was laut Steiner auch auf ein Absterben des traditionellen Christentums trotz äußerlich weiterexistierender Kirchen hinauslaufe. Dadurch würden die Menschen zunehmend ihren niederen Instinkten ausgeliefert … womit die wirtschaftlichen Verhältnisse an „Wucht" und „Brutalität" gewönnen. Dagegen würde das immer „schattenhafter" gewordene Denken der Menschen immer weniger in der Lage sein, in dasjenige einzudringen, „was sich hinter den Kulissen der brutalen Wirklichkeit abspiele" (Steiner 2004, S. 158).

Mit ihrem schattenhaften Denken aber verfallen die Menschen laut Steiner immer tiefer dem Irrtum, nicht zu erkennen, dass sie in einer geistigen Welt leben. Dadurch jedoch würden sie zunehmend von „bösen Mächten besessen, die sie durcheinander führen". Deshalb sei es die vordringlichste Aufgabe, dem „Christus-Impuls" Eingang in den Willen zu verschaffen. Von einem Willen, der laut Steiner immer „bewusster und bewusster werden müsse …, hänge in naher Zukunft … alles ab" (Steiner

2003, S. 299 f.). Ansonsten, so prophezeite Steiner ebenfalls schon vor mehr als hundert Jahren, werde ein ökonomisches Nützlichkeitsdenken, wie es ja gerade in den obigen Thesen zum Ausdruck kommt, immer dominanter (Steiner o. J.a, S. 174).

Befördert werde all dies durch eine materialistische Interpretation der Evangelien, die den „kosmischen Sonnengeist des Christus und seine Inkarnation vollkommen verfremden“ (Steiner 1919, S. 177, 194).

Aufgrund solcher theologischen Verflachungen, so fährt er fort, gelinge es Ahriman immer leichter, sein Ziel menschlicher Intelligenzaneignung sowohl durch weitere Entmenschlichungen als auch Menschheitsspaltungen voranzutreiben. Dies durch die Popularisierung nationalistischer Abgrenzungen wie auch die Abschließung von Rassen und Völkern gegeneinander über deren Fixierung auf Vererbungsverhältnisse (Selg 2021, S. 22).

Diese Aussagen mögen manchem Leser seltsam oder fernliegend vorkommen. Deshalb wird Steiner trotz seiner unbestreitbaren pädagogischen wie auch ökologischen Leistungen in eng philosophisch- materialistischen Kreisen kaum ernst genommen und vom Mainstream unserer agnostisch bis atheistisch geprägten Kulturszenen wenig beachtet. Doch haben einige der bedeutendsten Denker des 20. Jahrhunderts Ähnliches dennoch ernst genommen – nicht aus religiösem Fundamentalismus, sondern als **philosophische Notwendigkeit.** Romano Guardini, der große katholische Religionsphilosoph, schrieb 1945 in seinem Werk „Das Ende der Neuzeit“: Die Moderne habe die Frage nach dem Bösen verdrängt, weil sie es für überwunden hielt. Doch das Böse – verstanden nicht moralisch, sondern **ontologisch**, als destruktive Macht – kehre gerade dann zurück, wenn man es leugne.

4.5 „Dark Enlightenment"- und Autokratenangriffe im Lichte eines inspirierten Universalismus

Für die Herleitung der obigen Verursacher- und Verursachungsthesen habe ich mich wie erläutert von anthroposophischen Kernaussagen und den von Steiner zitierten Entwicklungsvoraussagen leiten lassen. Gewisse Ausnahmen dazu stellen bereits angedeutet Hintergrundthesen von Timothy Snyder in seinem Buch „Über Freiheit" dar. Mit seiner These, dass viele seiner Landsleute aktuell mental „gehackt werden", deutet er auf seinen wohl eher phänomenologisch gewonnenen Eindruck hin, das finstere, dem Menschen weit überlegene Mächte am Wirken sind. Ähnliches hat wohl ebenfalls intuitiv wie intellektuell begabte Siri Hustved in ihrem Aufsatz „Ich fürchte mich" empfunden. So führte sie kurz nach Trumps Wiederwahl aus: „Es ist kein Geheimnis, dass Trumps Rhetorik vom ‚Immigrationsungeziefer', das das Blut unseres Landes verdirbt … sein Zitieren rassistischer Klischees, wie ‚faul' und ‚niedriger IQ', direkt aus der faschistischen Eugenetik des 20. Jahrhunderts kommen." So seien „Formen des politischen Nihilismus … weltweit auf dem Vormarsch, man glaubt an gar nichts mehr, außer an die Zerstörung von allem. Die Sehnsucht nach einer autoritären Ordnung vermischt mit einem erregenden Drang, das ganze ‚Gesellschaft' genannte Gebäude in die Luft fliegen zu sehen … Der Narzissmus der neoliberalen Kultur, der sich aus einem … aufgeblasenen Ich speist und die Gier feiert, wird von der Person Trump verkörpert …, wie auch … die Wut, die dieses System hinterlässt, in dem der Markt zum Gott erhoben wurde."[3] Soweit ihre ersten Deutungshinweise zu

[3] S. Hustvedt. In: DIE ZEIT Nr. 52 vom 5. Dezember 2024, S. 55.

den von ihr vorausgeahnten Chaotisierungen in den USA. Für deren Bewertung auch im Kontext mit den von mir oben abgeleiteten Verursachungsthesen möge der Leser sich auch hinterfragen:

- Ist menschliche Intelligenz überhaupt in der Lage, die in Kap. 3 dieses Buches dargestellten Chaotisierungsprozesse derart strategisch vorzudenken? Diese sodann über kulturell völlig unterschiedlich sozialisierte, autoritäre Anführer zu koordinieren? Schließlich zum richtigen Timing zu einer weltübergreifenden Bewegung zu vereinigen?

- Deshalb nochmals: Kann Letzteres denn anders als durch die Annahme von deren Hervorbringung und Steuerung durch übermenschliche Intelligenz erklärt werden?

Wenden wir diese Hinterfragungen diabolischer Intelligenz noch einmal der 1946 am Genfer See gegründete Mont-Pelerin-Gesellschaft zu. Nach außen hin erkennbarer Spiritus Rector dieser Gründung war ja wie bereits in Kapitel drei ausführlich dargelegt der deutsche Professor von Hayek. Seine immer stärke zu neoliberalem Dogmatismus mutierende Gesellschaft vereinigte er 1981 mit dem damals bereits weltweit vernetzten Atlas Network und verhalf dadurch – so meine These – via Inspirationen durch antichristlicher Geistigkeit Letzterer zu einer schlagkräftigen Kulturkampforganisation. Deren Programm spiegelt nämlich exakt wie bereits ausgeführt Ahrimans Bestreben wider, zwecks menschlicher Intelligenzaneignung jedwede Empathie zu untergraben und zudem Umweltschutzverhinderung, Wissenschaftsskepsis und libertärer Reichenförderung voranzutreiben. Also die Grundlagen für die Weiterentwicklung der Menschheit im Wege der von der Französischen Revolution eingeforderten Menschenrechte zu verhindern. Dies alles eingekleidet in die hayeksche Begriffstäuschung des Aufbaus einer „offenen Gesellschaft“ Einem „Neusprech“ orwellscher Begriffsverwirrungen, mit dem Hayek dem Keynesianismus genau das zu unterstellen versuchte, was er selbst ständig betrieb: nämlich eine subversive Demokratiezerstörung. Dafür wurde er seit Mitte der 80er-Jahre von dem rhetorisch begabten republikanischen Senator Newt Gingrich im Verbund mit den Koch-Brüdern und der „Tea-Party-Bewegung“ und den hinter diesen stehenden, finsteren Netzwerken wirkungsmächtig ganz im Sinne Ahrimans unterstützt. All dies mit dem Effekt marktdogmatischer Plutokratisierungen und einer Verführung der USA in den Würgegriff eines antisozialen Neoliberalismus.

4.5.1 Vereinigung von ahrimanisch verbundenen Parallelströmungen bis zur „Dark-Enlightenment"-Bewegung

Es trugen aber nicht nur die zuletzt benannten Verfechter von Neoliberalismus und Plutokratismus via ahrimanisch-luziferischen Inspirationen zur Aushöhlung des US-amerikanischen Demokratiekonzepts bei. Vielmehr betrieben dies parallel dazu, anfänglich von der Öffentlichkeit unbemerkt, auch die in Kapitel drei ebenfalls ausführlich beschriebenen IT-Oligarchen samt deren Plattformkraken. Erst über deren die Jugend einlullenden Verheißungen des „California Dreaming“ vermochten so schillernde Persönlichkeiten wie Elon Musk und Peter Thiel sich mit reaktionären, marktanbetenden Republikanern über Trump zusammenzufinden und ihr gemeinsames Potenzial für Zielverfolgung Ahrimans mit Unterstützung von Luzifer in der „MAGA-Initiative“ zu bündeln.

Tritt diese Bündelung sogar nach außen hin nicht besonders deutlich über die „Dark Enlightenment"-Bewegung in Erscheinung? Die von dieser unmissverständlich angepriesene luziferische Verführung: Nämlich Trump als Erlöser, Tech-Milliardäre als Götter einer neuen Ordnung mit Visionen unbegrenzter Macht. All das Verbunden mit ahrimanischen Verhärtungen: Totale Überwachung, algorithmische Kontrolle, Reduktion des Menschen auf Daten, Effizienz als höchster Wert. **Yarvin träumt von einem CEO-König mit absoluter Macht** (luziferisch) **und totaler Kontrolle über jeden Aspekt der Gesellschaft** (ahrimanisch). Musk verspricht, die Menschheit zu retten durch Kolonisierung des Mars (luziferisch) mittels vollständiger Digitalisierung und Überwachung (ahrimanisch).

Man muss Steiners Terminologie nicht übernehmen, um das Muster zu erkennen: Hier wirkt etwas, das systematisch das Menschliche auslöschen will – und es tut dies strategisch nach einer stringenten Logik. Nach einer Logik, die Solowjow vor hundert Jahren in seinem Antichristen beschrieben hat: Verführung durch Heilsversprechen mit anschließenden Zerstörungen durch Unterwerfung. Wurde nicht inzwischen Trump geradezu zum Prototyp für die Vereinigungg solcher ahrimanischer Wirksamkeiten und luziferischen Verführungen? Trump als Erlöser mit seinen Tech-Milliardären als Götter? Solchen Perspektiven verlieh der Blogger Curtis Yarvin mit seiner Begriffsschöpfung „Dark Enlightenment" aktuell eine Art schwarz-magischer Weihe. Als Sprachrohr der so geweihten Initiative avancierte jüngst, wie der *Spiegel* schrieb, Trumps Vize J. D. Vance, durch den „Dark Enlightenment" ins Weiße Haus eingezogen zu sein" scheint.[4] Wobei mit diesem Einzug in 2025 Trump wie bereits oben geschildert damit begonnen hat, strikt nach der Blaupause des „Pojekts 2025"

[4] Spiegel Nr. 18 vom 26. April 2025, S. 10 ff.

einen Chaosplan für Demokratiezerstörung sowie Wahrheits- und Wissenschaftsauslöschung zu exekutieren.

Ich möchte Leser und Leserinnen genau an dieser Stelle und in obigem Kontext nochmals bitten, meine oben angeführten Thesen exemplarisch am Handeln von Trump im Wege seines „Projekt 2025"-Plans zu hinterfragen: Handelt Trump nach dieser Blaupause nicht genau so, wie man dies nur von einer Marionette finsterer Mächte erwarten kann? Egal, ob man diese als ahrimanisch – luziferisch oder sonst wie benennen will? Denn:

- Wen, wenn nicht Donald Trump, kann man sich mit dessen MAGA-Unterstützern als effektiveren Vollstrecker des „Projekts 2025" überhaupt vorstellen?
- Wer, wenn nicht Donald Trump, könnte aktuell populistischer die hervorragendsten Wissenschaftsleuchttürme der USA nicht nur so brutal, sondern sogar verfassungswidrig attackieren? Damit zugleich seiner Anhängerschaft jedweden restlichen „Glauben an Vernunft und Wissenschaft als des Menschen allerhöchste Kraft" (Goethe/Faust) zerstören helfen?
- Wem, wenn nicht Donald Trump, hätte es aktuell in so kurzer Zeit gelingen können, zuvor einflussreiche, aufklärerische Medien wie CNN, New York Times u. a. durch permanente Fake News über Fox-News usw. in eine Defensivposition zu bringen?

4.5.2 Durch Ahrimans Führung wirken weltweit Schattenbrüder im Geiste zusammen

Inzwischen scheint zumindest wacheren Zeitbeobachtern offenbar geworden zu sein, dass sich die zuletzt hinterfragten Machenschaften Trumps in einem noch viel größeren Zusammenhang als Werk von dahinterstehenden geistigen Verursachermächte offenbaren. Nämlich als weltweiten Verbund aus Freiheitsverächtern sowie Wissenschaftsfeinden. Man kann im Ergebnis in diesem Verbund wie bereits oben angedeutet eine schattenhafte Bruderschaft im Geiste sehen. Das habe ich bereits am Anfang dieses Kapitels in Anlehnung an Thesen des Journalisten und Bloggers Tilo Jung angedeutet. Noch vor Jung hatte ebenfalls in selbige Richtung Robert Habeck als Noch-Wirtschaftsminister gegenüber dem *Spiegel* argumentiert, dass „die autoritären Regime sich gerade zusammenschließen … was sie alle nicht wollen, das ist (echt) liberale Demokratie und Freiheit … und sie kooperieren miteinander“.[5]

Dazu gehört die enge Abstimmung zwischen Trump, Putin und anscheinend auch Xi Jinping, die gemeinsam Narrative gegen „den Westen“, „die Eliten“, „die liberale Ordnung“ propagieren. Zusammen dadurch eine koordinierte Destabilisierung demokratischer Institutionen mit gegenseitiger Unterstützung bei der Unterdrückung von Opposition. Ob man diese Figuren nun als bewusste oder unbewusste Erfüllungsgehilfen jener destruktiven Kräfte sieht, die Steiner als Ahriman bezeichnete, oder ob man von einem **autoritären Internationalismus** spricht – **das Muster ist dasselbe:** Unterwerfung freien Denkens, Ersetzung von Werten durch Interessen, von Wahrheit durch Propaganda, von Gemeinschaft durch Herrschaft.

Soweit immerhin sind inzwischen einzelne kritisch denkende Persönlichkeiten in der Deutung der dramatischen Geschehnisse in jüngster Zeit vorgedrungen. Mir aber geht es mit meinen obigen Thesen gemäß den zuletzt gemachten Ausführungen und Hinterfragungen um mehr. Nämlich die verblüffende Übereinstimmung zweier Ebenen: Zum einen die tatsächliche Prozess- bzw. Faktenebene; zum

[5] Spiegel Nr. 2 vom 4. Januar 2025.

anderen aber auch die bereits vor gut einhundert Jahren von Steiner gemachten Voraussagen. Letztere prophezeiten nämlich auch eine bestimmte Art von elektronisch basierten Experimenten „im Westen der USA“, die zu weltweiten Kulturbeeinflussungen führen können. Wer würde mit dieser Prophezeiung nicht die die heutige Kultur so dominierenden Strömung aus dem in Kapitel drei geschilderten „California Dreaming“ mit dem über diesem befeuerten Vordringen der Tech-Oligarchen des Silivon Valley erkennen können?

4.6 Diabolische Realitätsentfremdungen, App-basierte Suchtverbreitungen und Bewusstsein verdunkelndes Internet

Die sich über das ahrimanische Medium Trump ständig verbreitende Lügenhaftigkeit und der darauf basierende Fake News haben inzwischen auch in der Unterdrückung wissenschaftsbasierter Fakten und deren teilweisen Ersatz durch regierungsamtlich frei erfundene Statistiken eine neue Qualität erreicht. Was dadurch für die USA droht, darüber berichtet jüngst in einer ARD-Talkshow von Markus Lanz der im US-Bundesstaat Indiana Volkswirtschaftslehre lehrende Professor Rüdiger Bachmann. Nach dessen Dafürhalten scheint eine systematische Zerstörung von bisher noch unabhängig forschenden Bundesbehörden die Vorstufe für Bevölkerungsmanipulationen über politisch frei gegriffene Statistiken zu werden. So geschieht dies jüngst durch den trumpschen Versuch, Inflationsraten zu verfälschen, indem er Wirtschaftsdaten durch präsidial angeleitete Regierungsvertreter erheben bzw. „anfertigen“ lässt. Solche

Daten haben dann natürlich passgenau zu den vorherigen Versprechen Trumps zu passen (Skalar 25.02.2025).

Verstärkend zu solchen präsidialen Realitätsentfremdungen wirken die ebenfalls völlig realitätsfremden Verheißungen von Elon Musk bezüglich menschheitlicher Fluchtmöglichkeiten auf den Mars. Damit versucht er unter Verweis auf seine bemerkenswerten Erfolge durch Space-Lab bei seinen ihm folgenden Tech-Gläubigen und insbesondere den zahlungskräftigen davon die Illusion einer Fluchtmöglichkeit aus Klima- und Umweltkrisen hervorzurufen.

Solche Entfremdungs- und Illusionsstrategien richten sich aber nicht nur auf erwachsene Zeitgenossen, vielmehr leider insbesondere gegen unaufmerksame Eltern heranwachsender Kinder durch die inzwischen übermächtigen IT-Plattformen und von denen über deren Suchterzeugungs-Apps. Letztere verleiten Heranwachsende und sogar Kinder dazu, immer mehr Zeit auf den Bildschirmen über Instagram oder Facebook zu verbringen, sie also quasi IT-süchtig zu machen. Das gelingt ihnen, wie Entwickler*innen großer Technologie-Unternehmen berichten, mit Tricks der Plattformen wie u. a. „Like-Buttons", „Pull-to-Refresh-Funktionen", „Push-Nachrichten" und „Videoschleifen". Solche Funktionen beeinträchtigen im Ergebnis nicht nur die Konzentrations- und Lernfähigkeit der Jugendlichen, sondern sie sollen laut vielen Sachverständigen-Gutachten auch zu sonstigen psychischen Störungen führen. Von den Wirkungen und Folgen dieses Süchtigmachens haben neben anderen insbesondere auch Meta-Plattformen seit Langem gewusst. Sie alle haben jedoch laut einer bei US-Gerichten eingereichten Klageschrift die Gefahr derartiger Schädigungen stets ihren Profitinteressen untergeordnet.

Angesichts solcher haarsträubenden Verführungen von Heranwachsenden und sogar Kindern werden viele Leser sich auch an dieser Stelle wiederum fragen: Warum haben

„die Politik" wie auch die Mehrheit der Zivilgesellschaftes es nur so weit kommen lassen? Leicht gefragt-aber schwer politisch wirksame Einhegungen solcher Skandale durchzusetzen. Denn zur Etablierung dieser Verführungen haben finsteren Brüdern im Geiste bereits seit Jahrzehnten demokratiefeindlichen Reformblockaden insbesondere über die USA errichtet. Das diese bis heute nahezu unangefochten weiter existieren, daran tragen auch die Europäer und von diesen insbesondere wir Deutschen viel Schuld. Das beweist allein das bisherige Übersehen der Blaupause für eine obige Probleme auflösende „Mediendemokratie". Eine derartige Blaupause wurde BRD – Parlamentariern wie auch der interessierten Öffentlichkeit durch kompetente und politisch gut vernetzte ARD-Verantwortliche unter dem Titel „European Public Sphere – Gestaltung der digitalen Souveränität Europas" bereits in 2020 mit breiter Medienunterstützung zugeleitet (Klagermann und Ulrich 2020). Diese Verantwortlichen empfahlen darin ein genossenschaftliches Modell, in dem sowohl Wissenschaft wie auch Wirtschaft zur Abwendung der geldgiergetriebenen Nutzerausbeutungen und Verführungen integriert sind. Nur geschah darauf seitens der deutschen Politik – nichts! Sie sedierte regelrecht dieser so begrüßenswerten wie überfällige Apell, was gerade in Deutschland an der im ersten Kapitel dieses Buches beklagten Schonhaltung der politisch Verantwortlichen gelegen haben dürfte. Wer von diesen „Schonhaltern" hatte schon den Kampfeswillen geschweige denn Mut, sich auch nur im Ansatz gegen die Interessen der übermächtigen US-IT-Konzerne zur Wehr zu setzen?

Immerhin wächst allmählich speziell gegen Magnaten wie Elon Musk, aber auch Zuckerberg ein weltweites Unbehagen und immer wieder sporadisches Aufbegehren. Dies trotz oder gerade wegen Musks Vermögen von geschätzt 250 Mrd. Seit der Übernahme von X (vormals „Twitter") durch Musk hat sich bekanntlich diese IT-Plattform zu einem Eldorado für Fake News und Hetzkampagnen entwickelt, was bei seinen Hard-Core-Fans jedoch abprallt. Vielmehr erntet Musk für seine offensichtlich faschistischen Eskapaden bei seinen Brüdern im Geiste frenetischen Applaus. Sie retweeten jede seiner noch so kruden Behauptungen und stimmen darin in bemerkenswerter Weise mit Trump-Fans und dessen Verehrung überein.[6] Auch wenn all dies bereits bei jedem überzeugten Demokaten Alarmglocken erklingen lassen dürfte, so scheint Musk schon jetzt noch Schlimmeres zu verfolgen, nämlich mit seiner neuen KI-Firma mit Namen xAI und deren „Grok"-Modell. Für dieses scheint es anders als für ChatGPT keinerlei ethische oder rechtliche Grenzen zu geben. So berichten Nutzer von Grok, dass sie damit ohne große Umschweife eine Anleitung zum Bombenbau wie auch Nazipropaganda generieren konnten, genauso wie Pläne dafür, wie sich ein Amoklauf an einer Schule möglichst tödlich gestalten ließe. Dies wiederum will Musk in „Echtzeit" mit seiner Plattform X verbinden. Dies dürfte ihm, was KI-Experten befürchten, sehr bald „Irreführungen in (noch größerem) Stil" ermöglichen.[7]

Für all diese Kultur- und Demokratiezerstörungen haben schon die US-Regierungen vor Trumps Präsidentschaftswiederwahl den Weg vorbereitet. Dadurch nämlich, dass sie die US-Telekommunikationsrechte so umwandelten, dass die IT-Plattformen für die von ihnen verbreiteten Inhalte nicht mehr haftbar gemacht werden können, was nebenbei genauso wenig die EU-Kommission und deren Regierungen bisher versucht haben. An Einsichten und Möglichkeiten dazu hat es all diesen, wie ich schon oben berichtete, wahrlich nicht gefehlt. Jedoch gelang es nicht aufgrund offensichtlicher Paralysierungen ihres poli-

[6] Vgl. „Staatsfeind Nummer zwei". In: Spiegel Nr. 42 vom 19. Oktober 2024, S. 55 ff.

[7] Spiegel (2024) Nr. 43, S. 57.

tischen Willens – wer anderes könnte diese wohl so nachhaltig erzeugen wie ahrimanische Wesenheiten? – solche reichlich vorhanden Möglichkeiten auch gesetzeswirksam umzusetzen. Immerhin fangen in der BRD einzelne Presseorgane wie z. B. der *Spiegel* an, die zuletzt umrissenen IT-Angriffe, wenn auch nicht die dahinterstehenden antichristlichen Geisteswesen selbst, ernster zu nehmen, indem sie z. B. hinterfragen: „Ist dies das politische Schlachtfeld der Zukunft? Soziale Netzwerke, … die schranken- und zügellosen KI-Trollen und Demokratiefeinden, Autokraten und Despoten jeglicher Couleur zu Diensten sind … ihnen die Möglichkeit geben, Lügen in nie gekannter Quantität … zu produzieren? Hat die Wahrheit, hat die Demokratie dagegen überhaupt eine Chance?“[8]

4.7 Religiöse Dekadenzen, Kirchensterben und satanische Kultusumkehr

Dass sich die zuletzt umrissenen Internetbedrohungen in den letzten Jahrzehnten so ungebremst entwickeln und zu einer großen Gefahr für die Menschheit auswachsen konnten, das liegt nicht zuletzt an dem schon seit Mitte des 19. Jahrhunderts deutlich erkennbaren Absterben, wenn nicht sogar Erlöschen von dem, was man noch zu Beginn der Neuzeit einen lebendigen christlichen Glauben nannte. Was bis zum Neuzeitbeginn noch nicht an einer bewußtseinsmäßigen Gewissheit der kosmischen Christusrealität, sondern noch an einer gefühlsmäßigen Verankerung sich dahin richtender Glaubensvorstellungen lag. Deswegen wurde ja seit jeher das Herz als zentrales Erkenntnisorgan für einen lebendigen Glauben angesehen. Dabei wurde das

[8] Spiegel Nr. 43, S. 57.

Funktionieren dieses Erkenntnisorgans sowohl in der Spätantike als auch während des gesamten Mittelalters von vielen als „Gottesgeschenk“ angesehen. Das änderte sich erst mit der zunächst über einen begrenzten Kreis von „Eingeweihten“ hinaus erkennbaren Ausbildung des menschlichen Ich zu einem wirklich individuell frei empfindenden Wesensglied im menschlichen Bewusstsein. Es bahnte sich mit einer solchen Art von Bewusstseinsumwandlung zu einem sich als frei empfindenden Menschen ein gewaltiger Epochenwandel mit Beginn der Neuzeit an. Dieser brach sich erstmals global offen und dabei zugleich eruptiv seine Bahn ins ganzheitliche „Freisein“ durch die im ersten Buchteil beschriebene Große Französische Revolution. Mit der dort beschriebenen Revolutionslosung soll es jeder einzelnen Individualität vorbehalten bleiben, über Glauben oder Nichtglauben für sich völlig frei zu entscheiden. Weshalb auch, wie es Anfang des letzten Jahrhunderts Wladimir Solowjow formulierte, nur über ein aus freiem Willen des Menschen geborenes „christentschiedenes Handeln“ es von da an zu einer Christusnachfolge kommen könne. Oder mit den Worten von Joseph Beuys: Der Mensch muss sich von da an gewissermaßen „selber mit seinem (in ihm wohnenden) Gott aufraffen“ (Mennekes 2000).

Beuys spricht damit zumindest implizit aus, dass spätestens mit Beginn der Neuzeit eine Art „Gottesgnadendämmerung“ eingetreten sei. „Der Kredit (durch Christus) ist gegeben“; nunmehr müsse die Rückzahlung des Kredites durch die Eigeninitiative des Menschen aus seinem Inneren heraus erfolgen“. Christus werde ihm nicht wie noch in der Spätantike und Mittelalter geschehen quasi von außen kommend „unter die Arme greifen“. Nein: Das sei nach Beuys auch gar nicht mehr nötig, da ja das Christliche „längst im Menschen drin ist“. Der Mensch muss sich lediglich dieses Inneseins besinnen. Er muss sich „gewissermaßen zu seinem Gott aufraffen“ (Mennekes 2000,

S. 28 ff.). Anthroposophisch gesprochen könnte man sagen: Die jeweilige Individualität muss über ihr höheres Ich Verbindung zu Christus suchen.

Freilich vermisst der Künstler Beuys wie schon Rudolf Steiner vor ihm, was selbst der Jesuitenpater und Kunstexperte Mennekes einräumt, ein diesbezügliches Aufklärungs-Engagement der Kirchen. Vor allem die katholische Kirche verfremdet ja bis heute wie schon oben mehrfach angesprochen den kosmischen Christus und verbreitet weiterhin unbeirrt die Kunde „vom schlichten Menschen Jesus von Nazareth“ und dies stets im Kontext mit der aus Kirchensicht biologisch begründeten Existenz des Menschen.

Nur wirkt sich diese spirituelle Unterernährung immer lähmender auf das Empfindungs- und Erkenntnisvermögen breiter Bevölkerungskreise aus. Genau davor hat Steiner ja wie bereits oben angedeutet schon vor einhundert Jahren gewarnt, nämlich dass das menschliche Denken „immer schattenhafter“ werde und deshalb zunehmend weniger in der Lage sei, „in dasjenige einzudringen, was sich hinter den Kulissen der brutalen Wirklichkeit abspielt“. Damit aber erstirbt auch religiös getragenes Freiheitsbewusstsein, was sich auch auf die Stabilität von Demokratien auswirkt. Darauf hat z. B. der Verfassungsrechtler Ernst-Wolfgang Bockenförde deutlich hingewiesen, indem er sagt: „Ein freiheitlicher Staat … kann nur bestehen, wenn sich die Freiheit … von innen her … aus der moralischen Substanz des einzelnen … reguliert.“ Und ergänzt dazu: „Womöglich benötigt der säkularisierte Freiheitsstaat innere Antriebe und Bindungskräfte, die eher einem Glauben, denn dem Weltlichen entspringen“ (Böckenförde 2016, S. 342).

Vermochten noch bis zum Ende des 19. Jahrhunderts religiöse Traditionen einen gewissen moralischen Rückhalt zu geben, so droht seitdem deren Bedeutungsverlust sich zunehmend in kalten Atheismus zu verwandeln. Zugleich schwindet das Bemühen um ein Hören auf die innere Gewissensstimme und damit ein Ernstnehmen des eigenen (höheren) Ich. Damit aber wird dem oben beschriebenen Bestreben Ahrimans nach Aneignung der menschlichen Intelligenz Tür und Tor immer weiter geöffnet.

4.7.1 Antichristlichkeit am Beispiel russischer Orthodoxie

Am deutlichsten sichtbar werden diese Ahrmanisch-Luziferischen Toröffnungen in den Dekadenzen der russischen Orthodoxie sowie über siebentausend Kilometer weiter westlich in den anglikanischen Mega-Churches, aber auch den erzkonservativen katholischen US-Gemeinden. Im Osten sticht das besonders über das Haupt der russisch-orthodoxen Kirche, nämlich deren Patriarchen Kyrill, durch dessen Predigten zu dem von Putin vom Zaun gebrochenen Vernichtungskrieg gegen die Ukraine hervor. Diesbezüglich räumte Kyrill mit keinem Wort irgendein russisches Unrecht ein. Vielmehr rief er immer eindringlicher seine orthodoxen Gläubigen auf, „gemeinsam mit dem russischen Staat den Kräften des Antichristen zu wiederstehen(und) … als guter Christ auch gegen die Ukraine russischer Patriot zu sein“. Kyrill setzte damit konsequent seine als Patriarch seit 1969 verfolgte Unterdrückung von Freiheitsbestrebungen durch sowjetische Staatsorgane fort. Letzteren diente er seitdem als KGB-Agent unter deren Codenamen „Michailow“, und genauso wie schon damals rechtfertigt er nunmehr Putins Unterdrückungsfeldzug gegen die Ukraine als Kampf gegen den „Satanismus des Westens … der alle Kräfte des Antichristen gegen Russland geworfen habe“.

Mit diesen Begriffsumkehrungen sowie schon aus Chauvinismus die Menschenwürde verachtenden Agitationen steht Kyrill weder in der russisch-orthodoxen Kirche noch in Russland allein dar. Ganz im Gegenteil: Er spricht all dies ganz im Sinne Putins und dessen Führungsentourage und untermauert damit Putins Visionen einer russischen Welt („Ruski Mir"), die weitgehend der Sicht von Slawophilen des 19. Jahrhunderts entspricht. Letztere sahen wie damals deren Vordenker Danilewski Russland nicht als Teil Europas, vielmehr als eine gegen dieses zu verteidigende supranationale Zivilisation, die durch seine konservativ-spirituellen Werte definiert und von Europa nicht verstanden werde. Dies hat in aggressivster Form der Moskauer Philosophieprofessor Alexander Dugin in eine Putin schmeichelnde Kriegsführungsphilosophie transformiert. Nach dieser solle Russland ein seinem Wesen entsprechendes, totalitäres Reich wieder aufbauen, das „auf Basis der Ablehnung der westlichen liberalen Ordnung und der US-amerikanischen Weltherrschaft Bündnisse knüpfen möge". Und so mutierte auf der Grundlage solch reaktionärer Geschichtsklitterungen die Ukraine für viele Russen zu einem Schlachtfeld „der Kulturen" (Figes 2022, S. 389 ff.).

Mit seiner derart antichristlichen Besessenheit ließ Kyrill russische Panzerkolonnen mit Weihwasser einsegnen und für Wladimir Putins Gesundheit und den russischen Sieg beten. Einen Moskauer Priester, der in einem Pflichtgebet „Über das heilige Russland" das Wort Sieg durch „Frieden" ersetzt hatte, suspendierte Kyrill sofort vom Dienst. Über ihren Patriarchen Kyrill hat die russische Orthodoxie demnach mit deren Segnung von Völkermord und offenkundigem Bruch des Völkerrechts die gesamte orthodoxe Priesterschaft Russlands in Geiselhaft genommen. Wer gegen Putins blutige und willkürliche Aggressionen und für den Frieden plädiert, der wird einfach aus seinem Amt expediert. Damit offenbart sich Kyrill mit seiner orthodoxen Priesterschaft als das, was sie stets dem „Westen" attestieren, nämlich als aggressive Antichristen. Denn es ist ja wie schon in der Einleitung ausgeführt gerade individuelle Freiheit anstelle von autokratischer Unterwerfung derjenige Wert, für den der kosmische Christus steht.

4.7.2 Luziferisch-Ahrimanische Kultusumkehr in den USA

Seit Beginn des Jahres 2025 müssen sich die russischen Orthodoxen vermutlich zum eigenen Erstaunen durch Trump und dessen Bewegungen mit diesem als unerwartete „Brüder im Geiste“ empfinden lernen. Das jedoch zeigt , wie marionettenhaft sowohl Trump als auch Putin für Ahriman und Luzifer agieren . All dies mit dem gemeinsam durch Ahriman-Luzifer verfolgten Bestraben die noch verbliebenen Demokratien vor allem in Europa über eine Art Zangenangriff zu schwächen und wenn möglich zu beliebig ausbeutbare Inseln der sie einkreisen Supermächte zu zerstreuen.(So eindeutig die neue US-Verteidigungsdoktrin vom Dezember 2025). Dafür versucht Luzifer seinen Mitspieler Ahriman über die Mehrheit jener rund siebzig Millionen Evangelikalen in den USA zu unterstützen, die Donald Trump inzwischen wie einen Messias verehren. Bekanntlich zeichnen sich Evangelikale schon ganz generell durch eine alle heutigen Wissenschaftserkenntnisse widersprechende, naiv-dogmatische Interpretation der biblischen Schöpfungsgeschichte aus. Nach deren Auslegung durch sie Evangelikalen hat Gott die Welt innerhalb von sieben Tagen quasi „herbei – gezaubert“. Man kann Evangelikale deshalb auch als für jedweden Wunderglauben besonders empfänglich ansehen. Genau das nutzt seit Jahren die TV-predigende Evangelistin Paula White-Chain für ihre Trump – fokussierten Vergöttlichungsbemühungen aus. Inzwischen haben sich auch über Sie viele der relativ selbstständig agierenden „Mega-Churches“ der evangelikalen Bewegung als hot spots für eine Art Flächenbrand zu Trump – Vergöttlichungen entwickelt. In diese Richtung driftet inzwischen zudem der von Trumps Vize J. D. Vance popularisierte „America-First-Katholizismus“ ab. Dieser wiederum stellt eine konservative Sammlungsbewegung innerhalb der rund 52 Mio. Katholiken in den USA dar. Auch sie haben neben dem Gros der Evangelikalen entscheidend zum erdrutschartigen Wahlsieg Trumps am 5. November 2024 beigetragen. Ein Sieg, den der bekannte Nachrichtensprecher Klaus Kleber am Morgen des 6. November für das ZDF so auf den schon einleitend zitierten Punkt brachte: „Es war ein Sieg der Lüge über die Vernunft.“ Wir sollten Versuchen uns in diesem Kontext anschaulich und konkret vor Augen zu führen, in welche spirituellen Abgründe Luzifer und Ahriman die mittels der zuletzt umrissenen Prozessen geradezu Besessenen inzwischen verführt haben. Nämlich nicht nur in eine Totalabkehr von dem kosmischen Christus. Sondern durch ihre Vergöttlichungen Trumps zu einer bestimmten Art von Teufelsanbetung. Denn das Trump in deren Diensten handelt und er seit Beginn des Jahres 2025 offensichtlich diabolischen Umtrieben folgt ‚das sollt jedem halbwegs noch realitätsoffenen Zeitgenossen spätestens bis zum Jahresende bewusst geworden sein. Dem aber ist bei einem bemerkenswert hohen Teils der US-Republikaner bis heute (Winter 2025) nicht so. Man sollte deshalb durchaus hinterfragen :Welche Geisteswesen diese über Trump Besessenen eigentlich in Wahrheit mit ihrem als christlich verkleideten „Wunderglauben“ verehren ? Ähnelt dies nicht bereits weitgehend dem, was man seit dem Mittelalter als „Satanskult „ bezeichnet ? Man darf bei all den zuletzt umrissenen Ungeheuerlichkeiten nicht verkennen, dass diese auch einen Teil der übrigen US-amerikanischen Kirchenangehörigen mehr als nur irritieren. Das zumindest sieht so der geschäftsführende Direktor der „World Methodist Evangelism“, Kimberly Reisman.

Nur verharrt dieser Teil der Kirchenangehörigen viel zu sehr in Passivität. Wir haben es auch wegen dieser Passivität sowohl im russischen Osten wie vor allem im US-amerikanischen Westen mit immer mehr Extremisten zu tun, die Andersdenkende als teuflische bzw. antichristliche Gegner verunglimpfen, was sich bei genauerem Hinschauen nichts als zutreffende Selbstbezichtigung entpuppt, die die eigene diabolische Gesinnung den immer noch freiheitliche und demokratische Werte vertretenden Konkurrenten attestiert.

4.7.3 Europaweites Kirchensterben

Anders als die ins offensichtlich Antichristliche abdriftende russische Orthodoxie im Osten und deren diabolischen Pendants der USA im Westen üben sich in der Mitte zwischen diesen die europäischen Kirchen mehr oder weniger in politischer Zurückhaltung. Allerdings fällt bezüglich der römisch-katholischen Kirche eine gewisse Komplizenschaft mit der russischen Orthodoxie auf. Zumindest was deren Unterstützung von Putins Vernichtungskrieg gegen die Ukraine betrifft. So empfahl bekanntlich der jüngst verstorbene Papst Franziskus der Ukraine, „die weiße Fahne zu hissen". Diesen erstaunlichen Ratschlag gab er, ohne die einseitig russische Aggression und deren Vernichtungskrieg wie auch die russisch-orthodoxe Kriegshetze dazu auch nur mit einem Wort zu kritisieren.

Die römisch-katholische Kirche zeichnet sich auch im Übrigen nicht gerade durch Freiheitsaufgeschlossenheit aus, sondern vielmehr – und darin ähnelt sie der dekadenten russischen wie auch griechischen Orthodoxie – durch weitgehende Erstarrungen in überkommenen und längst überholten Traditionen wie z. B. dem Zölibat, dem Frauenausschluss für das Priesteramt, aber auch einer eher mittelalterlich sexualfeindlichen Moralität. An den aktuellen Massenaustritten aus der römisch-katholischen Kirche dürfte sich deshalb zumindest in Mittel- und Westeuropa in absehbarer Zukunft auch wenig ändern Aber auch global dürfte sich auf Dauer ein Sterbeprozess in der römisch-katholischen Kirche vollziehen. Dies vor allem wegen der zuletzt angedeuteten, materialistisch-konservativen Erstarrung der römischen Kurie. Denn diese blockiert mit ihrer Verzwergung des kosmischen Christus auf den „schlichten Menschen aus Nazareth" jedwede spirituell vertiefende Glaubensbelebung. Dass der Christus seinem Wesen nach einer höheren geistigen Wesenheit darstellt, so wie ich dies oben in Anlehnung an Steiner ausgeführt habe, davon wollen bisher weder Papst noch Kurie irgendetwas wissen. Vielmehr diskreditieren sie die Anthroposophie als unhistorische „Selbsterlösungslehre", die sich vom „reinen Glauben abwende".[9]

Aber auch die protestantischen wie die meisten übrigen christlichen Glaubensgemeinschaften in Europa tun sich mit einer Weiterentwicklung zu Glaubensauffassungen in Richtung des von mir in diesem Buch vertretenen „wahrhaftigen Universalismus" in Richtung des kosmischen Christus nach wie vor schwer. Immerhin hat sich Annette Kurschus als damalige Ratsvorsitzende der Evangelischen Kirche in Deutschland kurz vor ihrem Rücktritt in einem im Frühjahr 2024 von der ARD gesendeten TV-Interview positiv zur Bedeutung der Anthroposophie für das Christentum überhaupt bekannt. Ähnliches haben auch Pröbste dieser Kirche mir gegenüber bezeugt. Allerdings steht diesen fortschrittsbemühten Persönlichkeiten eine Überzahl von reaktionären, materialistischen und spirituell unterbelichteten protestantischen Pfarrern gegenüber, so z. B. der Redakteur im Gemeinschaftswerk der evangelischen Publizistik in Frankfurt a. M., Frank Muchlinsky. Er hält nichts,

[9] https://kath.net/news/30480.

wie er es ausdrückt, von Steiners „ewiger Christuswesenheit". Vielmehr verzwergt sich auch bei ihm Jesus Christus zum „guten Menschen aus Nazareth", und so verkündet er in der Anmaßung, ein Sprecher aller Kirchen dieser Welt zu sein, im Internet: „Die Anthroposophie ist ... für alle Christinnen und Christen mit ... Vorsicht zu behandeln."

Man trifft immerhin gegen solche reaktionären wie verbreiteten Positionen in evangelischen Kirchenkreisen neben deren ehemaligem Ratsvorsitzenden Kurschus durchaus weitere, nachdenklichere Stimmen. So z. B. die des Religionspsychologen Bernhard Grom aus München. Grom regte in bemerkenswerter Weise an, dass „die Christen ihre Kenntnisse der Anthroposophie erweitern" mögen. Andererseits rät er den Anthroposophen, „dass diese ihre Spiritualität nicht als einzige Alternative zum Materialismus verabsolutieren, sondern die Vielfalt der theologischen und spirituellen Ansätze in den christlichen Kirchen wahrnehmen" (Grom 1995, S. 210 ff.). Die Tragik für solche Anregungen besteht leider darin, dass solche von glaubensfatalistischen Kollegen missbraucht sowie übertönt werden. Letztere verhindern damit die Errichtung von kirchlichen Abwehrmauern gegen das oben aufgezeigte antichristliche Widersacherwirken. Damit geht aber, wie es im Ergebnis jüngst der Religionssoziologe Detlev Pollock bewertet, die „Bedeutung von Religion" nicht nur in den protestantischen Kirchen, sondern auch weltweit „in der Tendenz weiter nach unten ... ich kann im Bedeutungsrückgang des Christentums nicht viel Gutes erkennen".[10]

Dass es aber vor allem die vielen Sonntagschristen sind, die den kosmischen Christus in ihrere Lauheit fatalistisch völlig verkennen und dadurch die Strahlkraft der christlichen Lehre verdunkeln, das wird leider nur von ganz we-

[10] Interview mit D. Pollack, „Die Bedeutung der Religion nimmt weltweit drastisch ab". SZ Nr. 166 vom 22. Juli 2025, S. 12.

nigen erkannt. Deshalb spreche ich im dritten Teil dieses Buches auch nur von Möglichkeiten eines „wahrhaftigen Universalismus", weil durch die in diesem Buch geschilderten Dekadenzen des Kirchenchristentums für die Entwicklung einer chaosresistenteren Zukunftsorientierung spirituell-philosophisch völlig neuartige Perspektiven über noch nicht diskreditierte Wortverwendungen und Begriffsbildungen notwendig sind.

4.8 Ich-Verluste und Selbstentfremdung

Aus dem im Vorabschnitt Ausgeführten kann folgendes Zwischenresümee gezogen werden:

1. Im Osten wie auch Westen Europas geschieht eine Art „luziferisch-ahrimanisierter Kultusumkehr" über die Anführer wichtiger kirchlicher Glaubensgemeinschaften. Also von ursprünglich christlichen Friedensverkündungen hin zu agitativen, antichristlichen Hassbotschaften. Im Osten geschieht Letzteres durch chauvinistische Sinnverkehrung seitens des Patriarchen der russischen Orthodoxie. Aus dessen Völkermordbefürwortung und Verteufelung der Ukraine wie auch des gesamten Westens spricht offensichtlich die Stimme Ahrimans, der zunehmend mit Luzifers Hilfe Satansmessen in christlicher Verkleidung zelebrieren lässt.
2. Am extremsten geschieht solches in vielen evangelikalen Großkirchen sowie konservativen katholischen Gemeinden der USA. Dort wird eine antichristliches Urbild wie Trump als zivilationrettender Messias trotz oder gerade wegen seiner permanenten Verfehlungen sowie Wissenschafts-, Umwelt- und Demokratiefeindlichkeit verehrt.

3. In den von so extremen Degenerationsprozessen eingekreisten Glaubensgemeinschaften Europas werden solche Kultusumkehrungen eher stillschweigend zur Kenntnis genommen denn dagegen protestiert. Hier dominieren nämlich glaubensfatalistische Theologen. Ihnen genügt ihre naive Sicht auf den „schlichten Menschen von Nazareth" anstelle einer Hinwendung auf den Christus als hohem, irdisch-kosmischen Geisteswesen. Sie stehen der Christosophie Steiners überwiegend ablehnend gegenüber und verkennen die oben geschilderten Gefahren von Menschlichkeitsvernichtungen antichristlicher Geisteswesen.

Was aber sind die Folgen solcher Degenerationsprozesse? Orientiert man sich dazu an Solowjows Vorhersagen, wonach ohne Eintritt des Christus die menschlichen Seelen sich „nach und nach selbst auslöschen" müssen, so dürfte einem die zunehmend dramatischen Abstiegsgefahren einsichtig werden. Solche Gefahren sah ja schon vor einhundert Jahren Rudolf Steiner voraus. Mit der Begrifflichkeit von J. G. Fichte kann man solche kulturellen Abstiegsprozesse als sich ausbreitende Ich-bin-Verluste charakterisieren. Was immer mehr Individuen nach dem weit bekannten Ausspruch des Hamlet in Shakespears Prinz von Dänemark „To be or not to be, that is the question" mit einem „Ich bin nicht!" beantworten müssten.

Ein nicht (mehr) sein spiegelt sich aktuell am konkretesten in dem sich ausbreitenden Kulturnihilismus wider. In diesem wird zwischen Tieren und Menschen gar nicht mehr unterschieden. Beide Spezies seien für viele der Nihilisten über Neuronen gesteuert, was denn auch immer solche „Neuronen" sein mögen. Wodurch Menschen aber über eine solche Ich- bzw. Wesensverleugnung Gefahr laufen, dass sie ihren moralischen Kompass verlieren und dadurch immer schwerer zwischen Lüge und Wahrheit zu unterscheiden vermögen. Hinzu kommt es wegen solcher Ichverluste zu einem immer stärkeren Auseinanderfallen zwischen Denken, Fühlen und Wollen. Was bezüglich des vom Denken entkoppelten Fühlens immer mehr zu Entsolidarisierungen und Empathieverlusten führt, was ein Einstehen für die Armutsgefährdeten schon von der Gefühlsseite her erschwert. Die Wirkungen dieses Mangels potenzieren sich nochmals dadurch, dass immer mehr Menschen etwas einmal als richtig und notwendig Erkanntes keinesfalls mehr automatisch in ein Abhilfehandeln zu überführen bereit sind. Eben aufgrund der immer mehr beklagten Willensschwächen. Das betrifft besonders verhängnisvoll die seit Jahrzehnten unterlassen Vermögensumverteilungen insbesondere durch eine Basisreform unseres ungerechten Erbschaftsteuerregimes. Dies hat in seinen konkreten Auswirkungen der klardenkende Larry Diamond voll durchschaut. Er brachte es in seinem jüngsten Interview mit *Spiegel* so auf den Punkt: „Sowohl unsere Gesellschaft als auch unser politisches System sind zerrüttet. Das hat damit zu tun, dass die Ungleichheit hier immer weiterwächst und dadurch Menschen immer mehr polarisiert. Die Kluft zwischen Akademikern und Arbeitern ist riesig. Die Politik wird zunehmend als unfähig empfunden, weil sie auf diese brachiale Ungerechtigkeit nicht angemessen reagiert … Diese Leiden plagen alle liberalen Demokratien."[11]

Das allerdings sagten uns Politikwissenschaftler, Ökonomen und Soziologen zumindest in den USA schon seit Jahrzehnten. Nur blieb das, was daraufhin in den USA angeblich dagegen unternommen wurde, durchgehend kontraproduktiv. Woran liegt das alles? Wieso konnten derartige, oben ausführlich analysierte Plutokratisierungsprozesse samt erkennbarem Demokratiesterben dennoch so lange widerstandslos voranschreiten? Welche Kräfte konn-

[11] Spiegel Nr. 19 vom 3. Mai 2025, S. 75.

ten einen derartigen Reform-Attentismus mit so viel gesellschaftsspaltenden Auswirkungen stets in Gang halten? Haben wir wirklich dagegen alles uns persönlich Mögliche unternommen? Wohin vor allem wird uns die „Dark-Enlightenment"-Ideologie, die trumpsche Demokratiezerstörung mit all den diesen Prozess unterstützenden Tech-Oligarchen samt deren autokratischen „Brüdern im Geiste" noch führen?

5

Kann deutschlandangeführte, europäische Selbstfindung noch Demokratiesterben und Chaosausweitungen Einhalt gebieten?

Das Thema „Demokratiesterben“ treibt spätestens seit Veröffentlichung der neuen US-Sicherheitsdoktrin im Dezember 2025 selbst nahezu alle politisch interessierten Zeitgenossen Europas um. Selbstredent war die Anfang dieses Jahres bereits in aller Munde von Demokraten in den USA. Dort hatten allerdings bereits sehr viel früher der US-amerikanische Psychologieprofessor Arno Grün die aufkeimende Brisanz dieser Thematik verortet. Seine Kernthese dazu lautete: Breite Bevölkerungskreise seien eben, trotz ihres individualistischen Autonomiestrebens, bereit, sich „falschen Heilsbringern“ zu unterwerfen (Grün 2025, S. 15 ff). Noch einen Schritt weiter gingen ebenfalls bereits vor nahezu zehn Jahren die amerikanischen Politikwissenschaftler Levisky und Zieblatt (Levitsky und Ziblatt 2019, S. 19 ff.) und David Runciman (Runciman 2020, S. 10 ff.), indem sie den Fortbestand der US-amerikanischen Demokratie grundsätzlich infrage stellten. Zu noch schärferen

B. Schloen, *Chaos als System*,
https://doi.org/10.1007/978-3-658-50870-8_5

Bewertungen kommt die Ex-Meta-Mitarbeiterin Alexis Crews mit Blick auf das Chaos, das Trump in den ersten einhundert Tagen seiner zweiten Präsidentschaft in den USA und der übrigen Welt inzwischen angerichtet hat. Ins Visier nimmt sie dafür Trumps Kampf gegen wissenschaftliche Institutionen, insbesondere gegen die Diversitätsprogramme von Harvard und Columbia, Trumps illegales Vorgehen gegen große Anwaltssozietäten sowie seine sonstigen Versuche zur Neutralisierung der US-amerikanischen Zivilgesellschaft. „… Ziel ist es, die akademische Freiheit zu beseitigen und … zu unterdrücken … der Effekt ist … Selbstzensur … (bei den Anwälten) eine geschwundene Bereitschaft zur Übernahme schwieriger Fälle und eine gefährliche Risikobewertung … die Rechtsstaatlichkeit beginnt zu bröckeln.“[1] Nicht wenige amerikanische Intellektuelle sehen in diesen bedrohlichen US-Entwicklungen Parallelen zur Spätzeit der „Weimarer Republik“.

Interessanterweise sind es aber nicht nur solche Epochenvergleiche, die den Fokus mancher angelsächsischer Intellektueller auf Deutschland richten lassen. Vielmehr sehen trotz dessen desaströser Vergangenheit führende amerikanische Historiker wie der Faschismusforschers Timothy Snyder in der aktuellen US-amerikanische Situation wiederum eine ganz neue „Chance für Deutschland, … denn Deutschland ist im Moment vielleicht die wichtigste funktionierende Demokratie der Welt“.[2] Snyder sieht deswegen für Deutschland aber auch Notwendigkeiten heute zu handeln. Nicht allein wegen solcher Aufrufe, sondern weil diese Notwendigkeit nicht nur nach meinem Urteil mit jedem Tag deutlicher erkennbar entsteht, möchte ich in den Folgeabschnitten ausführlicher auf die potenziellen Fähigkeiten

---

[1] Alexis Crews, „So gehen Demokratien unter“, SZ Nr. 94 vom 24. April 2025, S. 11.

[2] Timothy Snyder, „Positiv argumentieren“, SZ Nr. 96 vom 26./27. April 2025, S. 17.

der BRD eingehen, solchen Erwartungen überhaupt entsprechen zu können. Was ich zunächst wie im ersten Teil dieses Buches geschehen auf reiner Faktenbasis basierend eruieren werde. Erst im letzten Abschnitt dieses Kapitels werde ich ähnlich wie sowohl in der Einleitung als auch im Vorkapitel geschehen auf spirituelle Hintergründe nach der Methode des von mir vertretenen „inspirierten Universalismus" eingehen.

Seit Mitte des Jahres 2025 melden sich zu den sich schon rein empirisch aufdrängenden Konsequenzen auch aus Deutschland erste Stimmen zur zuletzt angesprochen Thematik. Es sind darunter sowohl euphemistische wie auch skeptische Stellungnahmen. Ersteres trifft z. B. für den SZ-Redakteur Jan Diesteldorf zu, der infolge des dramatischen Seitenwechsels der USA in Sachen westlicher Wertegemeinschaft samt Ukraineunterstützung für die EU und damit auch Deutschland ein „epochales Moment der Selbstfindung" für notwendig, aber auch erreichbar hält. Nur so könne „die EU den Resten der regelbasierten Weltordnung eine Heimat bieten"; hierfür allerdings müsse Europa „auf Resilienz statt Dominanz, auf Gleichgewicht statt auf Konfrontation, auf Beherrschbarkeit statt auf Opportunismus … eine neue europäische Erzählung entwickeln".[3] Eher skeptisch hingegen erkennt die SZ-Journalistin Sonja Zekri in Deutschland wie auch im übrigen Europa „eine gewisse Weigerung … die krasse Feindseligkeit aus Washington in ihrer ganzen Dimension zur Kenntnis zu nehmen".[4] Dazwischen liegend argumentiert die SZ-Gastautorin A. L. Kennedy, die in Europa zumindest in der Tendenz ähnliche Abwärtsspirale am Wirken sieht wie in den USA. Dies sei der „Glaube an grenzenlose Expansion und … endlosen Konsum und eine magische Hand, die am

[3] SZ Nr. 91 vom 21. April 2025.
[4] SZ Nr. 92 vom 22. April 2025.

Ende alles irgendwie in Ordnung bringt … eine schwache Presse schaut zu … führt in die Irre, lenkt ab … In der Zwischenzeit werden den Künsten und den Geisteswissenschaften alle Mittel entzogen". Kennedy beendet diesen Artikel sodann mit dem verzweifelten Appell an ihre deutschen Leser: „Liebes Deutschland, wenn ihr noch einen Glauben an eure Zukunft habt, dann könnt ihr durchaus ein Vorbild für uns alle werden."[5]

5.1 Strategische Voraussetzungen europäischer Handlungsfähigkeit

Ob Deutschland allerdings überhaupt zu dem von Kennedy ersehnten Vorbild insbesondere als „partnerschaftlicher Anführer" Europas mutieren kann, dazu hat der Politikwissenschaftler Professor H. Münkler erste valide Antworten zu geben versucht. Für Europa glaubt er, dass dessen Erreichen solidarischer Freiheit von der Etablierung „strategischer Köpfe" speziell in Deutschland als einzigem EU-Land abhängt, das für Europa die für dieses so unentbehrliche Rolle eines „Servant Leader" im Sinne eines für dessen Werteverteidigung bereiten Treuhand-Anführers übernehmen könnte. Nur ist all dies nach heutigem Erkenntnisstand (Winter 2026) doch sehr fraglich. Denn hier besteht bereits schon mehr als ein Jahrzehnt „die politische Klasse aus versierten Taktikern" und bisher kaum aus strategischen Köpfen. Das hat nach Münkler zur Folge, dass es zu einer politischen Horizontverengung gekommen ist: Man denkt von Wahl zu Wahl, und wenn man über einen längeren Zeitraum spricht, handelt es sich im Wesentlichen um politische Rhetorik, die für das eigene Engage-

[5] A. L. Kennedy, „Sonst ist MAGA-Land bald überall", SZ Nr. 92 vom 22. Mai 2025, S. 9.

ment und die zugehörige Aufmerksamkeit nachrangig ist. Das muss in einer Zeit überraschen, in der Klimawandel, Erderhitzung samt ihren verheerenden Folgen in der öffentlichen Debatte zumindest bis vor wenigen Jahren noch eine herausgehobene Rolle spielten. Nur zeigen „die Fülle handwerklicher Fehler und die kommunikative Nachlässigkeit, mit der in Deutschland … das Gebäudeenergiegesetz auf den Weg gebracht wurde, dass es keine strategische Vorbereitung einer Politik gab, bei der im Vorhinein klar war, dass sie über lange Zeiträume hätte angelegt werden müssen" (Münkler 2025, S. 94 f.). Allerdings möchte ich zu den meines Erachtens zutreffenden Beurteilungen Münklers speziell in Sachen Gebäudeenergiegesetz insoweit differenzieren, das für dessen Scheitern nicht nur der dafür federführende Robert Habeck verantwortlich ist. Vielmehr auch die von vornherein dagegen gerichtete Obstruktionspolitik des damaligen Finanzministers Christian Lindner mit seinen ständigen Durchstechereien und Diskreditierungen fortschrittlicher Gesetzesvorhaben. Dies bei stillschweigender Duldung durch den damaligen Kanzler Scholz . Nur hätte Habeck als strategisch Denkender schon mit Beginn der Ampelkoalition durch soziale Absicherungen anstehender Gesetzgebungsprozesse den voraus zu sehenden, neoliberalen Attacken Lindners vorbeugen und Letzteren dadurch letztendlich als erzreaktionär entlarven müssen.

So aber verblieben trotz des euphemistischen Titels „Fortschrittskoalition" diejenigen „Menschheitsthemen", die die damalige Ampelkoalition unter Federführung von DIE GRÜNEN zu ihrem Leitziel erheben wollte, wie bei Merkel eine Angelegenheit der Nichtregierungsorganisationen. In der Regel läuft solches nach Beobachtungen Winklers „auf ein Auslagern hinaus, dass von Seiten der Beratungsinstitutionen durchaus wertvolle Vorschläge und Anregungen erzeugen kann, … die aber bei einer auf Kurzfristigkeit gepolten politischen Klasse kaum Resonanz finden" (Münkler 2025, S. 95).

Bei einer solchen Verfasstheit und führungspersonalen Ausstattung aber kann eine europäisch-kooperative Anführerschaft durch die BRD nicht gelingen. Dafür müsste vielmehr laut Münkler mindestens ein charismatischer Akteur vorhanden sein, der das langfristige Gesamtinteresse der EU in ständiger Abstimmung mit einer „Gemeinschaft der Willigen“ unmittelbar im Auge hat. Leon Mangasarian und Jan Techau haben die Hauptmerkmale eines solchen „Servant Leader“so beschrieben, dass Führungspersönlickeiten bzw. Mächte, die so führen, sich unter Zurückstellung ihres Eigeninteresses immer primär in den Dienst des Ganzen stellen. Ohne eine sich so darstellende „Macht für das Zentripitale in Europa“, so glaubt Münkler, wird ein Gebilde wie die EU auf Dauer keinen Bestand haben (Münkler 2025, S. 313).

Das Problem für einen derart handlungswilligen, strategisch begabten Anführer liegt vor allem auch darin, dass er einer Bevölkerungsmehrheit bedarf, die bereit ist, seine Servant Leadership auch zu unterstützen. Die also nicht der populistischen Versuchung erliegt, auf dem „Jetzt und Gleich“ zu bestehen und eine nationalistische Politik des Augenblicks zu bevorzugt.

Trotz dieses beachtlichen Schwierigkeitsgrades scheint Münkler dennoch die BRD, selbst in Anbetracht von deren schon erwähnten und gerade aktuell so offensichtlichen Führungsdefizite, immer noch als potenziellen Kandidaten für eine so anspruchsvolle Anführerrolle zu sehen. Plausibel begründen vermag er dies aber nur insoweit, als nur die BRD unter allen größeren EU-Ländern ein „Netto-Empfänger“ von EU-Geldern ist, also mehr Mittel an die EU abführt, als es an Unterstützungszuweisungen von dieser zurückerhält. Zum anderen meint Münkler, dass man „auf Frankreich und Italien … angesichts der dortigen Stärke von Rechts- und Linkspopulisten mitsamt der mit ihnen verbündeten Nationalisten aus mittlerer Sicht keine großen

Hoffnungen“ als EU-Anführer „setzen könne“ (Münkler 2025, S. 315).

5.2 Verantwortlichkeit herausforderndes Wiederaufleben der „Deutschen Frage“

Dass allein Deutschland trotz all seiner oben genannten Strategiedefizite als Servant Leader einer partnerschaftlichen EU-Führung neben der für Wirtschaftsfragen zuständigen EU-Kommission samt EU-Parlament und Ministerrat in Betracht zu ziehen ist, dafür plädieren neben Münkler auch andere deutsche Stimmen wie z. B. der Politikwissenschaftler Timo Lochoki. Seiner Meinung spricht dafür sowohl bei deutschen Regierungen wie auch in deren Zivilgesellschaft das „Holocaustsyndrom“und dadurch die fest verankerte Gewohnheit, sich bezüglich nationaler wie auch supranationaler Verteidigungs- und Außenpolitik eher „klein zu machen“. Eine Haltung allerdings, die meines Erachtens inzwischen wegen der oben geschilderten US-Demokratieabwendungen und deren offene Europagegnerschaft kaum weiterhelfen dürfte. Lochoki plädiert dennoch dafür, „weil die Abkehr wichtiger Demokratien von außerökonomischen Idealen ein neues Kapitel deutscher Geschichte eröffnen sollte“ (Lochocki 2025, S. 40). Prinzip Hoffnung also.

Das allerdings sieht Münkler differenzierter. Er diagnostiziert m.E. zutreffend, dass **Deutschland zu klein** bzw. nicht stark genug sei, die Aufgabe eines Servant Leader für die EU **allein** zu übernehmen. „Also muss es sich Unterstützer und Helfer suchen, mit denen es gemeinsam diese Aufgaben bewältigen kann. Also eine politikfeldbezogene

Aufgabe, die der Servant Leader im Rahmen einer von ihm aufzubauenden Koalition von Willigen zu übernehmen hat" (Münkler 2025, S. 341). Für eine solche Kooperation könnte Deutschland vor allem für den Bereich der Sicherheitspolitik neben Frankreich auch Großbritannien auch die baltischen und skandinavischen Staaten einbeziehen. Insbesondere für die Einbeziehung Großbritanniens plädiert Münkler, da „in Anbetracht der britischen Nuklearwaffen, der außenpolitischen Erfahrungen der britischen Diplomatie sowie der mit ihr verbundenen Soft Power dies ein beachtliches Zugewinnpotential für Europa" bedeutet. Dies setze allerdings voraus, dass zwischen den Staaten einer solchen Koalition der Willigen gesonderte, mit der EU abgestimmte völkerrechtlich verbindliche Vereinbarungen zustande kommen. Ziel muss es in jedem Fall sein, neben einem gewichtigen, integrierten Ausbau des konventionellen Streitkräftepotenzials im Verbund der Willigen auch einen Nuklearschirm für dieselben zu schaffen. Über dessen Einsatz muss Deutschland zumindest ein für dessen eigene Sicherheit abschreckungsgeeignetes Mitentscheidungsrecht erlangen.

5.3 Ein desorientiertes Deutschland

Neben den extremistischen Europadistanzierungen in benachbarten Ländern sind auch ähnlich gerichtete, innerdeutsche EU – Obstruktionstendenzen zu beachten. Letztere könnten durchaus angesichts der schon jetzt beobachtbaren Auflösung der politischen Mitte eine EU-Führungskompetenz Deutschlands infrage stellen. Damit meine ich allem voran die wertentkernten und zum Teil faschistoiden Gruppierungen in den östlichen BRD-Bundesländern. Sie repräsentieren dort inzwischen teilweise die Bevölkerungsmehrheit. Dass dies im Unterschied zu den Westbundesländern so plötzlich innerhalb von lediglich fünf Jahren geschehen konnte, das haben noch in der DDR geborene Politikwissenschaftler und Historiker wie bereits in Kap. 1 ausgeführt inzwischen nachvollziehbar aufgeklärt. Sie machen über das im ersten Kapitel dazu bereits Geschilderte hinaus auch die rund fünfzigjährigen, kollektivistischen Indoktrinationen und die damit einhergehende Glaubensdiskreditierung bei den älteren Ostdeutschen durch Nazi- und DDR-Diktatur verantwortlich. Letztere führte bekanntlich in der ehemaligen DDR bis 1989 zu einem Abschmelzen der kirchlich organisierten Glaubensgemeinschaften auf weniger als 20 % der DDR-Einwohnerschaft. Innerhalb der sich damals noch offen zum Christentum bekennenden 20 % konnte sich zwar ein beachtenswerter SED-kritischer Widerstand formieren. Aber umgekehrt bedeutet das auch: Bei vielen der kirchenfernen 80 % Prozent an DDR-Bürgern, die wenig oder gar keine innerliche Berührung mit christlichen Glaubensinhalten erfuhren, fehlte es eben an toleranzfördernder sowie individuelle Eigenverantwortlichkeit stärkender „Seelennahrung". Damit kamen mental weniger Belastbare ohne Schäden nicht zurecht. Deren Selbst- und Verantwortungsbewusstsein verkümmerte oftmals und führte, wie es der Kultursoziologe Detlef Pollack im *Spiegel* beschrieb, inzwischen „zu robusten Neigungen zur Erbarmungslosigkeit". Sie betrachten alles nur „unter dem Gesichtspunkt, ob es einem … dienlich ist oder im Wege steht … (sie) sind z. B. nicht bereit, den Ukrainern in der Not beizustehen".

All das wird von den radikalen politischen Parteien wie der AfD und dem Bündnis Sahra Wagenknecht gezielt ausgenutzt, wofür die Medien unverändert große Selbstdarstellungsplattformen anbieten. Über wirklich zentrale Probleme wie ungerechte Vermögensverteilung und sedierenden Klima- und Umweltschutz wird nach der Manier effektheischenden Hofberichterstattung unverantwortlich wenig berichtet.

So dürften sich nur unverbesserliche Optimisten zu der Voraussage versteigen, dass Deutschland schon in naher Zukunft mit strategischer Führungskompetenz die Funktion eines Servant Leader für eine europäische Koalition der Willigen auszufüllen vermag. Als Realist könnte man Derartiges allenfalls für den militärischen Bereich und dies auch nur mit großen Einschränkungen tun. Nämlich befristet bis zur nächsten Bundestagswahl, weil bis dahin Ukraine-Unterstützung sowie die Bündelung europäischer Verteidigungseffizienz von Putin wie auch Trump geradezu „erzwungen" werden. Mittel- und längerfristig aber sieht es für Deutschlands Führungsrolle in Europa, wie nachfolgend zu begründen ist, zumindest auf rein empirischer Bewertungsgrundlage eher „mau" aus.

Mau vor allem deshalb, weil eine nachhaltige Servant Leadership der BRD mehr als nur einen militärischen Behauptungswillen erfordert. Wobei es an diesem „Mehr" sowohl in der derzeitigen Regierungskoalition als auch in der politischen Mitte unserer Zivilgesellschaft beträchtlich hapert. Denn was die von Kanzler Merz richtliniengeführte Regierungskoalition betrifft, so befördert diese nach innen eher ein Zurückdriften in bzw. sogar Verstärken der kulturellen wie sozial- und umweltpolitische Verzwergungen, die ich bereits in Kap. 1 ausführlich beschrieben habe. Die SPD wiederum bemüht sich wie jüngst z. B. beim „Bürgergeld" so gut es geht dagegenzuhalten. Dies aber ohne jedwede autonome soziale Fantasie und strukturellen Veränderungswillen. Bei beiden Parteien finden sich zudem keinerlei Ansätze zu einem Diskurs für eine Welt der Ideale. Ausnahmen dazu bilden allenfalls Anstöße von Einzelpersönlichkeiten wie z. B. durch Ex-Wirtschaftsminister

Wolfgang Habeck anlässlich seines Vortrags auf der diesjährigen „Phil.Cologne“ in Köln. Dort warnte Habeck, dass spätestens seit 2025 erkennbar „grundsätzliche Verschiebungen ... im Schatten globaler Kulturkämpfe ... vor sich gehen ... eine Minderheit reißt sich gerade die Welt unter den Nagel und endgrenzt Macht, weil es ihre Macht ist“.[6] Dem kulturell einfach gestickten Kanzler Merz dürften Diskursbeiträge, geschweige denn Initiativen gegen die von Habeck zu Recht beklagten Dekadenzen schon wegen seiner ausgeprägten neoliberalen Verdrängung jedweder Ideale kaum in den Sinn kommen. So fährt Deutschland derzeit desorientiert „auf Sicht“ und ohne langfristigen Plan.

Bei genauerem Hinsehen erkennt man neben der zuletzt umrissenen Abwärtsbewegung weitere Zersetzungsfaktoren, auf die ich bisher noch nicht speziell für die BRD eingehen konnte. Nämlich das ständige, auch internetverstärkte Überfluten von Jugendlichen und politisch Labilen mit schwarz-magischen „Umwertungs-“ und „Resignifikationskampagnen“ der AfD. Diese stoßen bei nicht wenigen in ein politisches Bewusstseinsvakuum, was wiederum einhergeht mit einem fortschreitenden Zusammenschrumpfen jener Parteienlandschaft, die man bisher gewohnt war, der „politischen Mitte“ zuzuordnen.

Wie virtuos und zugleich systematisch sich die AfD in diesem Kulturkrieg der schon von den Nazis zu beachtlicher Vollkommenheit entwickelten Elemente von „Umwertungs-“ und „Resignifikationsstrategien“ bedient, das hat jüngst der Historiker Volker Weiß herausgearbeitet (Weiß 2025, S. 237). „Umwertungsstrategie“ bedeutet bei ihm, dezidiert auf das Vokabular des politischen Gegners – im Falle der AfD sind dies alle Rechtsstaatlichkeit verteidigenden Parteien – zurückzugreifen und für sich selbst in Anspruch zu nehmen, z. B. den Begriff der Toleranz.

[6] Robert Habeck, in: SZ Nr. 143 vom 25. Juni 2025.

Diese fordert die AfD auch und gerade gegenüber den sie kritisierenden Parteien als ihr Freiheitsrecht ein. Die Konkurrenzparteien mögen doch bitte subversive Agitationen der AfD als deren „Diversitätsrecht“ tolerieren, also auch Demokratiebekämpfung als ihr Recht auf „Freiheit“ akzeptieren. Und genau die Befolgung von solchem Irrsinn fordert die oben schon wiederholt angeführte, neue US – „Sicherheitsdoktrin“ von den Europäern. Dies sogar ganz offen von den Deutschen zu Gunsten der AfD.

Korrespondierend mit dieser Umwertungsstrategie betreibt die AfD zusätzlich eine Agitation der „Resignifikation“. Mit dieser legt man Wort- und Begriffsbedeutungen neu fest. Das versuchen sie allem voran für den Begriff „liberale Demokratie“ zu erreichen. Letzteren versuchten sie zunächst als Synonym für ein repressives „Regime der Macht“ zu verdunkeln, um so die Strahlkraft des Wortes Demokratie, soweit möglich, abzudunkeln. Vieles davon ähnelt den Methoden von Josef Goebbels. Was aber neu ist: Über dessen erprobte Agitationsmethoden hinaus bietet sich die AfD als einen deutschen Brückenkopf für brüderliche Vereinigungen mit Donald Trump und Wladimir Putin an. Auch um mit diesen für Institutionen mit einer demokratischen Politik durch Begriffsumdeutungen Tabula rasa machen zu können. Dies alles für deren Ziel einer Widerherstellung von „white supremacy“ durch „Remigration“ samt eines Übergangs vom neoliberalen zum illiberalen Kapitalismus, in dem sich die Autokraten und Oligarchen östlicher und westlicher Prägung systemisch angleichen.

Gegen solche Art subversiver Frontalangriffe sind die Parteien der sogenannten Mitte wenig gerüstet. Mehr noch als für SPD und DIE GRÜNEN gilt dies für die CDU/CSU. Denn diese verfügt über nahezu gar keine programmatischen Zielsetzungen außerhalb eines naiven

Wachstumskults. Auf der einen und rückwärtsgewandter, naiver Heimatverklärung aus der anderen Seite. Insoweit ähnelt sie sogar der AfD wie auch in manchen anderen Bereichen. Zu Letzteren gehört neben ausgeprägter Traditionsbewahrung vor allem identitäre Sonderstellungsüberzeugungen. Das Fatale ist nur, dass es der CDU/CSU trotz dieser ihrer idealentkernten und gegenüber Zukunftsanforderungen verantwortungslosen Rückwärtsgewandtheit nahezu 30 % der BRD-Wählerstimmen auf sich zu vereinigen. Damit dürfte es ihr zumindest noch für diese Legislaturperiode gelingen, die SPD mit ihrer sozialeren und auf mehr Verteilungsgerechtigkeit und Umweltschutz ausgerichteten Programmatik weitestgehend auszubremsen und DIE GRÜNEN wie von Söder so vehement angestrebt in die Oppositionsrolle zu verbannen.

Ihre Rolle als Wandlungsblockierer ohne zukunftsweisende Gestaltungsziele wird bei der CDU/CSU zu einem weiteren Ausfransen in Randgruppierungen führen, die immer mehr AfD-nahen Bestrebungen zuneigen dürften. So bleiben letztendlich nur noch SPD und DIE GRÜNEN übrig, welche mit der Röbke-CDU-Minderheit vielleicht gerade noch eine politische Mitte bilden können. Nur dieser wäre es theoretisch zuzutrauen, eine Demokratieverteidigung über den dafür notwendigen sozialen Ausgleich samt zukunftsverantwortlichem Umweltschutz wieder auf den Weg zu bringen. All das, was Merz, Linnemann, Söder & Co. offenkundig völlig fremd ist. Deshalb findet eine solche Gruppierung derzeit auch keine Stimmenmehrheit mehr im Bundestag.

Auf Landes- und lokaler Ebene sieht es mit der politischen Mitte zumindest im Osten wie zuletzt ergänzend analysiert noch sehr viel kritischer aus. Hier knüpft die AfD mit Sahra Wagenknecht schon jetzt heimlich intensivere Kontakte für eine Koalition von CDU und BSW in Thüringen, Sachsen und eventuell auch noch Brandenburg. Das bezeichnete *Die Zeit* als „Amerikanisierung der politischen Kultur“ und kam mit dem *Spiegel* zu dem bemerkenswerten Schluss: „Der Osten ist schon jetzt unsere USA.“[7]

Auch aufgrund der zuletzt umrissenen Prozesse warnt der bekannte Soziologe Wilhelm Heitneyer vor einer „Durchrohung“ der BRD.[8] Er sieht hierfür insbesondere den „deregulierten Turbo des Kapitalismus“ und die damit immer mehr „grassierende soziale Ungleichheit“ verantwortlich. So würde zunehmend die „Würde … und die Gleichwertigkeit aller Bürger abgewertet“. Dadurch verlöre auch die für „zivilen und gewaltfreien Umgang notwendige Empathie ihre Bedeutung“.

5.4 It's the spiritualised culture stupid

Die zuletzt umrissenen Prozesse verdanken wir vor allem dem fest verankerten Neoliberalismus. Führt dieser doch auf Dauer wie wir inzwischen erkennen müssen zu extremer Ungleichheit samt Umwelt- und Solidaritätszerstörung durch dessen „Überreichen“-Förderung (Linartas 2025, S. 48 ff). Deshalb kann die BRD ihre Chancen als Servant Leader für Europa allenfalls über eine Aktivierung der Zivilgesellschaft und diese ausgehend über den im Vorkapitel dargestellten „inspirierten Universalismus“ nutzen. Diese Art Universalismus setzt allerdings ein intensives Eingehen auf das in Kapitel fünf durchleuchtete Einwirken geistiger Mächte auf das aktuelle Zeitgeschehen voraus. Dafür müssten sich zumindest einflussreiche Teile der deutschen Elite wiederum den vor gut zweihundert Jahren an die deutsche

---

[7] Spiegel, Oktober 2024, S. 127.

[8] W. Heitmeyer, Die durchrohte Gesellschaft. In: Spiegel Nr. 28 vom 4. Juli 2025, S. 50 f.

Nation gerichteten universalistischen Appell von J. G. Fichte zu eigen machen. Fichte ermahnte ja bekanntlich damals schon die deutsche Kulturgemeinschaft, beim Aufbau einer Weltbürgergesellschaft voranzugehen. Nur müsste sich heute in Anbetracht des aktuellen Katastrophengeschehens dafür ein belastbares Bewusstsein von Kernelementen der steinerschen Anthroposophie verbinden, was sich zeitaktuell mit Fichtes Forderung decken könnte, dass alle Menschen ihr „Leben mit Freiheit … nach ihrer individuellen Vernunft einrichten können" und sollten.

Nur entfernen wir uns gegenwärtig in einer atemberaubenden Geschwindigkeit von dem zuletzt angedeuteten Idealzustand. Eher beginnt auch unsere Zivilgesellschaft in identitäre und sich gegeneinander abschottende Blasen zu zerfallen. Liegt dies allein an deren mangelnder Aufgeschlossenheit wie auch einem fehlenden Verantwortungsbewusstsein sowohl für das nachbarschaftliche als auch das globale Gemeinwohl? Oder handelt es sich wie einleitend vermutet zumindest auch um eine verbreitete, spirituelle Ahnungslosigkeit? Oder eben beides?

Jedenfalls liegt eine verbreitete spirituelle Ahnungslosigkeit sowohl großer Teile der deutschen Zivilgesellschaft als auch des medialen sowie politischen Mainstreams in der BRD vor. Das macht bereits überdeutlich sichtbar die inzwischen völlig fehlgeleitete „Erinnerungskultur". Diese macht sich laut Michael Lüders aktuell geradezu „obsolet, indem sie das historische einzig richtige Gebot des „NIE WIEDER" einer israelischen Regierung dienstbar macht, die als rechtsextrem zu beschreiben fast schon eine Untertreibung ist. Das Ergebnis ist ein Nihilismus der Werte, die Auflösung jedweder etischer Norm" (FN 57 …) tendenziell über die völkerrechtswidrige Art ihrer Israelunterstützung auch in der BRD. „NIE WIEDER" kann und darf richtig verstanden nur heißen: Nie wieder ein Außerkraftsetzen jedweder Menschenwürde. Genau dafür sollten die Deutschen mit ihrer „Erinnerungskultur" einstehen! Ähnlich äußert sich dazu auch die italienische Historikerin und Jüdin Anna Foa in ihrem jüngste DER SPIEGEL-Interview: „Israel wird viel zu oft (in der BRD) als unantastbar betrachtet …. Stattdessen muss Europa (inclusive BRD) universelle Werte bekräftigen: Menschenwürde und die Einhaltung des internationalen Rechts" (FN 58 ‚Anna Foa' in:DER SPIEGEL, 14.12.2025, Nr. 47, Seite 63).

Das zuletzt eingefügte Beispiel möge und bewusst machen, dass die zuvor analysierten Strategien der „Brüder des Schattens" künftig nicht auf die USA beschränkt bleiben dürften. Vielmehr besteht durchaus die Möglichkeit, dass Personen wie Trump und Putin und andere Autokraten über kurz oder lang auch Europas Demokratien zersetzen können. Bemühungen in diese Richtung mehren sich ja: Wirtschaftliche Erpressung durch Zölle, indirekte militärische Bedrohung durch „Grönland-"Besitzergreifungsphantasien nebst Aushöhlung der NATO. Dazu ideologisch-subversive Unterstützungen rechtsextremer Parteien und vieles mehr. Trumps Vizepräsident J. D. Vance hat schon Anfang 2025 angekündigt, dass Europa „zur Verantwortung gezogen" werden müsse.

Ziel der Autokraten ist unübersehbar: Wo Menschen aus innerer Freiheit widerstehen könnten, sollen die Grundlagen ihres Widerstands wie Vernunft, Werte, Wahrheit, demokratische Institutionen usw. systematisch zerstört werden. Und das geschieht koordiniert, international und strategisch. Es ist ein koordinierter Zangenangriff – ob man nun von ahrimanisch-destruktiven Kräften spricht oder von einem autoritären Internationalismus. Die Akteure sind klar erkennbar: IT-Oligarchen und Autokraten, die gemeinsam gegen die in Europa verbliebenen Demokratien arbeiten.

Kann sich Europa trotz obiger Defizite dennoch als letzter Hoffnungsort für demokratische Freiheit dagegen behaupten? Vieles hängt davon ab, ob Europa zu einer gemeinsamen Haltung findet – was angesichts mangelnder deutscher Führungskompetenz und nationaler Egoismen fraglich erscheint. Die Alternative ist bedrohlich: Ein in isolierte, wehrlose Einzelstaaten zerfallenes Europa würde zwischen den großen, autoritär beherrschten Machtblöcken zerrieben. Kleinstaaten wie Polen, die baltischen Länder oder einzelne westeuropäische Nationen hätten gegen die geballte Macht von USA, Russland und China keine Chance.

Und hier schließt sich der Kreis zur Ausgangsfrage: Wenn innere Freiheit, Verankerung in universellen Werten, Treue zur Wahrheit der Widerstand gegen Entmenschlichung freiheitliche Überlebensgaranten sind – dann braucht Europa jetzt genau das: Rückbesinnung auf jene geistigen Grundlagen, die es einst stark gemacht haben. Nicht nationalistische Abgrenzung, nicht ökonomische Kalkulation, nicht technokratische Effizienz – sondern die aufklärerischen Werte der Freiheit, Gleichheit, Brüderlichkeit. Die Idee der Menschenwürde. Die Verpflichtung auf Wahrheit und Gerechtigkeit.

Doch wer soll diese Rückbesinnung vorantreiben?

Hierfür könnte aus anthroposophischer Sicht interessant werden, das Deutschland das Land ist, in dem die Romantik entstand – jene Bewegung, die das Geistige gegen die pure Aufklärungsrationalität verteidigte. In dem Goethe, Schiller, Steiner wirkten. In dem die Idee des autonomen, sich selbst bestimmenden Ich philosophisch entwickelt wurde – von Kant über Fichte bis Steiner. Deutschland trägt in seiner Geistesgeschichte genau jenes Potenzial, das jetzt so dringend gebraucht wird: die Verbindung von Vernunft und Geist, von Freiheit und Verantwortung, von Individualität und Gemeinschaft.

Aber kann Deutschland diese Rolle nach all den in Kapitel eins geschilderten, kulturellen Verwerfungen noch erfüllen? Die Realität spricht bisher dagegen. Es werden zunehmend Symptome von jenen Erosionen sichtbar, die ich zuletzt beschrieben haben: das Abdriften der „Erinnerungskultur" in einen Werte-Nihilismus. Die Unterwerfung der Politik unter ökonomische Partikularinteressen, der Verlust strategischen, wertegeleiteten Denkens. In Deutschland manifestiert sich diese Erosion anders und weniger sichtbar als in den USA – aber sie folgt derselben Logik:

Erstens: die oligarchische Unterwanderung von oben. Ein Beispiel macht das Prinzip sichtbar: die Erbschaftssteuer. In Deutschland werden große Vermögen faktisch geringer besteuert als kleine. Durch Verschonungsregeln für Betriebsvermögen können Erbschaften von über 26 Mio. € praktisch steuerfrei übertragen werden, während normale Erbschaften oberhalb der Freibeträge regulär besteuert werden. Dem Staat entgehen dadurch jährlich weit mehr als die von so genannten Fachleuten diesbezüglich geschätzten 8 Mrd. € – in jedem Fall aber die größte Steuersubvention Deutschlands. Das ist nicht Steuerpolitik – das ist Oligarchenprivileg. Die Logik ist identisch mit dem, was wir in den USA beschrieben, haben: Lobbyverbände der Vermögenden diktieren Gesetzgebung, Wirtschaftsinteressen dominieren über demokratische Gerechtigkeit. Deutschland hat keine fundamentale Erbschaftsteuerreform, weil Politik vor der Macht des Geldes kapituliert.

Zweitens: die Zerstörung der Wahrheit, insbesondere durch soziale Medien. Auch in Deutschland verbreiten sich Desinformation und Verschwörungstheorien schneller als Fakten. Auch hier werden Medien als „Lügenpresse" diffamiert, Wissenschaft als „Eliten-Propaganda" diskreditiert, demokratische Institutionen verächtlich gemacht. Die

Mechanismen sind identisch mit denen in den USA – weil die Plattformen dieselben sind, die Algorithmen dieselben, die ökonomischen Anreize zur Radikalisierung dieselben. Elon Musk mischt sich offen in deutsche Wahlen ein, gibt rechtsextremen Narrativen auf X/Twitter massive Reichweite, attackiert demokratische Parteien. Das ist kein Randphänomen – es ist koordinierte Destabilisierung. Derselbe Akteur, der in den USA die Regierung unterwandert, tut es nun in Europa.

Drittens: der Aufstieg völkischen Denkens von unten. Mit 20,8 % ist die AfD – eine Partei, die „Remigration" fordert, völkisches Denken propagiert – zweitstärkste Kraft geworden. Das ist kein Eliteprojekt wie die Heritage Foundation, sondern populistische Bewegung, gespeist aus Abstiegsängsten, Ressentiments, dem Zerfall sozialer Sicherheiten. Aber: Diese Bewegung profitiert von denselben Mechanismen, die wir analysiert haben – algorithmische Verstärkung von Wut und Spaltung, Erosion universeller Werte, Zerstörung der gemeinsamen Wahrheit. Sie wird verstärkt durch Musks Plattform, durch Chinas Algorithmen bei TikTok, durch russische Desinformation, durch internationale Vernetzung. Die AfD ist nicht zentral gesteuert – aber sie ist Profiteur und Werkzeug der Erosion

Und wie reagiert deutsche Politik? Mit dem, was im ersten Kapitel als „lügenverzwergte Schonhaltung" beschrieben wurde: Aussitzen. Kleinster gemeinsamer Nenner. Vermeidung unbequemer Wahrheiten. Man behandelt Musks Einmischung wie eine Randnotiz. Man kapituliert vor Lobbymacht, statt Gerechtigkeit durchzusetzen. Man reagiert auf die AfD mit Symbolpolitik statt mit strategischer Vision für gesellschaftlichen Zusammenhalt. Man spricht von Klimaschutz, blockiert aber wirksame Maßnahmen. Man beschwört europäische Solidarität, denkt aber primär an nationale Partikularinteressen.

Deutschland – das Land, in dem die Idee des autonomen, selbstbestimmten Ich philosophisch entwickelt wurde – soll auf Dauer vor denselben Kräften wie die USA kapitulieren? Nur langsamer. Subtiler. Aber: Wie soll ein solches Land Europa führen? Die Antwort ist ernüchternd: gar nicht. Zumindest nicht aus dem derzeit sichtbaren politischen Establishment heraus. Denn das Establishment hat genau die Fähigkeit verloren, die wir beschrieben haben – strategisches, wertegeleitetes Denken. Es reagiert nur noch auf Lobbydruck, auf Umfragen, auf Krisen. Es hat aufgehört, aus innerer Überzeugung zu gestalten.

Teil IV

Sinnfindung in der Wahrheit

6

Wege zu chaosresilienter Wahrhaftigkeit

Die zuletzt umrissenen, gesellschaftlichen Desorientierungen, gerade seitens der politischen Führungselite, lassen Aussichten zu mehr Chaosresilienz für die BRD nur noch über deren Zivilgesellschaft als denkbar, wenn auch unwahrscheinlich erscheinen. Was ja auch bedeutet: Mit einem das systemische Chaos überwindenden, ganzheitlichen Politikwandel ist in der BRD trotz sich geradezu aufdrängender Handlungsnotwendigkeiten dazu in absehbarer Zeit nicht zu rechnen. Was aber bleibt dann noch zu tun für gesellschaftlich mehr oder weniger handlungswillige Mitglieder der Zivilgesellschaft? Ich meine: Eine ganze Menge! Denn jeder von uns, mag er auch noch so wenig Einfluss haben, ist unabhängig von der oben schonungslos offengelegten, begrenzten charakterlichen Belastbarkeit und Problemlösungsoffenheit unserer führenden Politiker dazu aufgerufen, gerade deswegen sich stets um den Grundsatz zu bemühen:

B. Schloen, *Chaos als System*,
https://doi.org/10.1007/978-3-658-50870-8_6

- Groß und damit auch global zu denken, selbst wenn er(sie) nur lokal oder in einer mehr oder weniger großen Gemeinschaft allenfalls (über)regional zu handeln vermag;
- Dafür sollten sich dergestalt Handlungsbereite nicht von der vermuteten oder manchmal auch offensichtlichen Korruptheit und Ignoranz mancher Politiker und sogar der Mehrheiten ganzer Parteien entmutigen lassen. Denn jede(r) Einzelne ist wichtig, der (die) sich für die Wahrheit bzw. zum Versuch eines Lebens in dieser aufrecht bemühen will;
- Besonders zielführend können solche Bemühungen insbesondere dann sein bzw. werden, wenn sie genährt werden von der oben vorgestellten Wesenhaftigkeit bei Anwendung von Grundsätzen eines „Inspirierten Universalismus".

Was könnte ein solches Wahrheitsstreben Einzelner für deren Umgebung, über Vernetzungen für größere gesellschaftliche Zusammenhänge, aber auch für sie selber verbessern helfen?

Für das Finden von Antworten darauf sehe ich insbesondere die oben herausgestellten Kernelemente der steinerschen Anthroposophie als hilfreiche Erkenntnisschlüssel an. Daneben wähne ich alle an Wahrheit Interessierten für gut beraten, wenn sie sich dafür zudem der Vorbilder, Erfahrungen und Einsichtsvermittlungen spiritueller Anführer wie dem Dalai Lama aber auch des nach dem zweiten Weltkrieg einzigen, weltweit anerkannten Philosophen- Präsidenten bedienen.

6.1 Groß und gesellschaftsverantwortlich Denken lernen gegen den aktuellen, ideellen Verzwergungsmodus

Der zuletzt genannte, ehemalige Dissident und danach tschechische Ministerpräsiden Vaclav Havel ist durch ihn maßgeblich mitgestaltete Charta 77 berühmt geworden. Die daraus noch Ende des letzten Jahrhunderts in seinem Buch „Versuch, in der Wahrheit zu leben“ herausgestellte Erkenntnisse, gewinnen angesichts der oben ausführlich geschilderten Freiheits- und Demokratiebedrohungen eine bemerkenswerte Aktualität. Teilt uns doch Havel mit diesem Buch weitsichtig mit, dass der moderne Mensch anscheinend Veranlassungen habe, Systeme zu schaffen, „die jeden Auflehnungsversuch seines besseren Ich paralysieren“. Systeme also, die den „Menschen entfremden … und zum Leben in der Lüge zwingen“ (Havel 2018, S. 25), wobei er damals nicht nur das totalitäre Sowjetsystem meinte, unter dem er als „Dissident“ viele Jahre im Gefängnis für sein beharrliches Wahrheitseinstehen ausharren musste. Nein: Er hielt auch sämtliche ihm bis dahin bekannten Spielarten westlicher Demokratien für keinesfalls geeigneter, die im ersten Teil dieses Buches analysierten Aushöhlungen der Französischen Revolutionslosung und der darin propagierten Universalien zu vermeiden. Neben deren systemischen Unvollkommenheiten führte dies Havel auf die verbreitete Unlust des, wie er ihn nannte, „Konsummenschen“ zurückführt, „der nicht bereit sei, etwas von seinen materiellen Sicherheiten zugunsten seiner geistigen und sittlichen Integrität zu opfern“ (Havel 2018, S. 26).

Für Havel kann auf Grund der zuletzt angedeuteten Unzulänglichkeiten ein Leben in der Wahrheit erst mit einer Rebellion der Wahrheitssuchenden gegen ihre subjektiven und/oder objektiven Freiheitsbeeinträchtigungen beginnen. Dies erfordere vor allem, Verantwortung für sich selbst zu übernehmen um dadurch wiederum ein unabhängiges Leben in und mit der Gesellschaft als „artikuliertem Ausdruck eines Lebens in der Wahrheit“ unterstützen zu können. Einem solchen Bemühen stehen allerdings laut Havel in westlichen Demokratien bedeutende Systembarrieren entgegen, so z. B. die „erstarrten, konzeptionslosen und nur noch zweckbedingt handelnden, politischen Massenparteien …, von Apparaten beherrscht als versteckt manipulierende … Zentren der Kumulation des Kapitals, des allgegenwärtigen Diktats des Konsums, der Werbung … (und deren) ganze Informationsflut … (was) man wahrhaftig nur schwer als ein (demokratisches System) betrachten kann, auf dem der Mensch wieder zu sich selbst findet. Weshalb er schlussfolgert: … Sich an ein solcherart traditionelles, parlamentarisches Demokratie-System zu klammern … um eine würdige und mündige Existenz zu sichern, … wäre meines Erachtens zumindest kurzsichtig" (Havel 2018, S. 85/86).

Einen Ausweg aus den Entfremdungswirkungen solchermaßen traditioneller, parlamentarisch-kapitalistischer Demokratien nach damaligem< US-amerikanischem Muster sieht Havel in Befreiungsakten, die er als „existenzielle Revolution" bezeichnet. Damit meint er eine „sittliche Rekonstitution der Gesellschaft". Diese Rekonstitution verlangt nicht weniger als eine „radikale Erneuerung der authentischen Beziehungen des Menschen zu dem, was er ‚menschliche Ordnung' nennt". Diese erst ermögliche „neue Erfahrungen des Seins; eine erneuerte und erweiterte Verankerung im Universum samt innerer Beziehung zu den Mitmenschen und zur menschlichen Gemeinschaft". Dies möchte Havel über die Konstituierung solcher Strukturen erreichen, die von einem „neuen Geist mit menschlichem Inhalt ausgehen wie z. B. die Rehabilitierung solcher Werte wie Vertrauen, Offenheit, Verantwortlichkeit, Solidarität, Liebe". Formalisierte Organisationen solcher Art sollten möglichst ad hoc entstehen und dabei, von Begeisterung für ein konkretes Ziel getragen, nach Erreichen des Ziels wieder aufgelöst werden (Havel 2018, S. 88).

All das sind angesichts der zuletzt geschilderten Dekadenzprozesse auch für die BRD und deren Zivilgesellschaft heute mehr noch als während der von Aufbruchstimmung beherrschten 90er-Jahre hochgesteckte, individuelle wie auch systemische Wandlungsziele. Warum aber sollten wir in so weitgesteckten wie ganzheitlichen Kategorien nicht wenigstens zu denken versuchen?

6.2 Sinn erkennen statt Chaos verdrängen

Wer sich den ebenso realistischen wie das Wesentliche treffenden System- und Verhaltensbewertungen Havels annähern will, der muss zunächst einmal lernen, das Wesentliche von dem Unwesentlichen zu unterscheiden. Dazu muss er (sie) strikt vermeiden, sich sowohl die individuelle Situation wie auch das Weltgeschehen „schön zu gucken". Wozu man bereit sein muss, das ist auch unangenehme Wahrheiten „an sich herankommen zu lassen". Nichts ist für den (die) Wahrheitssuchende(n) hinderlicher als Angst vor dem Dunklen wie auch Bösen. Dafür bedarf es stets zu wiederholender Gelassenheits- und Konzentrationsübungen, bei denen der (die) Wahrheit- wie auch Sinnsuchende sich oft verlassen vorkommen wird. Er (sie) müssen sich dann stets auch im Großen auf die bundesrepublikanische Realität bezogen entscheiden, ob sie dem breiten Weg neoliberal konditionierter und verantwortungsloser Gesellschaftsmehrheiten unkritisch folgen wollen oder eben nicht. Falls nein, so erfordert das erst einmal die Entwicklung einer inneren Haltung. Dafür wiederum muss man vornehmlich zu hinterfragen bereit sein, wofür man eigentlich steht und welche Werte einem wichtig oder weniger wichtig sind. Erst wenn man dafür erste Antworten gefunden hat, befindet man sich auf dem Weg, ein autonomes Bewusstsein zu bilden. Mit diesem lassen sich wiederum Tore für ein selbstbestimmtes Handeln öffnen und nach deren Durchschreiten letztendlich wahre Selbsterkenntnis erreichen. Nur muss sich der so Voranschreitende damit abfinden, dass, wie es volkstümlich heißt, „die Luft um ihn(sie) herum dünner" werden kann. Denn der Weg zur Wahrheit ist eben oft auch ein einsamer und vor allem schmaler, der an so manchen Abgründen entlangführt.

So hilfreich ein Selbstbewusstwerden und schließlich sogar ein sich selbst Erkennen als geistiges Wesen auch ist, so entscheidend bleibt doch stets der damit einhergehende oder erst daraus erwachsende Handlungswille. Bei diesem geht es nicht nur darum, was man unternimmt, sondern wie man dies tut. Natürlich sollte man alles unterlassen, was gegen das Gesetz – es sei denn, es handelt sich um eine übergesetzliche Notstandsabhilfe – verstößt. Zu Letzterer sollte man allerdings, sobald sie einem geboten erscheint, auch stets den Mut haben. Aber selbst gesetzlich Erlaubtes sollte man nie gegen eigene moralische Überzeugungen unternehmen. Über all dem möge stets die Abwägung stehen, ob das Wie des eigenen Tuns noch sinnvoll ist oder nicht. Dazu hinterfrage man sich: Nutze ich eigentlich meine Entscheidungsspielräume und Abwehrmöglichkeiten voll umfänglich gegen alles, was mich von mir selbst entfremdet? Dies sowohl systemische als auch berufliche sowie umgebungsmäßige Entfremdungen betreffend.

Über die zuletzt beschriebenen Selbstertüchtigungen gewinnen Wahrheitssuchende immer mehr Abwehrkräfte gegen die Versuchung, das oben beschriebene Chaossystem zu verdrängen. Vielmehr wächst in ihnen der Mut, dessen sowohl finsterer wie auch komplexer Realität unerschrocken entgegenzutreten. Denn Wahrheit suchen und Realität verdrängen verhalten sich zueinander wie Feuer und Wasser. Deshalb werden Wahrheitssuchende auch bemüht sein, selbst unbequem erscheinende Zusammenhänge zu durchschauen, was auch erforderlich machen kann, stets bereit zu sein, in menschliche wie auch gesellschaftliche Abgründe zu schauen und dabei nicht auf das so verführerische „schön gucken“ auszuweichen. Dazu gehören aktuell bekanntlich die Verdrängung oder sogar Leugnung von Klimawandel, Artensterben und Umweltvernichtungen samt immer bedrückenderen Verteilungsungerechtigkeiten und daraus resultierender Solidaritätszerstörung. Außenpolitisch sollten sich Wahrheitssuchende, so gut es ihnen möglich ist, stets unvoreingenommen und umfassend auch über die von Putin, Netanjahu und anderen Autokraten begangenen und weiterhin befeuerten Völkermorde nicht nur informieren, sondern auch dagegen demonstrieren und Widerstand dagegen unterstützen und anmahnen. Nur so vermag man auf der Grundlage des eigenen autonomen Urteils zur Einhegung des in diesem Buch beschriebenen Chaos als System bei zu tragen.

6.3 Lichte Vernunft für ein Leben in der Wahrheit

Nicht jedes Bemühen um Chaosresilienz führt automatisch zur Überwindung aller Hemmfaktoren gegen einen inspirierten Universalismus. Zu den oft schwer zu überwindenden Hemmfaktoren zähle ich jede Art von Identitätshybris wie auch das Kleben an Traditionen insbesondere religiösen Dogmen. An Ersterem litt z. B. ein Gros der deutschen Bevölkerung vor seiner im zweiten Kapitel beschriebenen kulturellen Höllenfahrt. Viele wähnten sich bis dahin erhaben als einem „Volk der Dichter und Denker“ angehörend und dadurch den Angehörigen anderer Nationalitäten überlegen zu sein. Wie leicht solche Art von Identitätshybris nicht nur damals für Deutsche und andere Europäer als inzwischen auch global zu blutigen Bürgerkriegen und weltweiten Konflikten führen kann, das hat neben vielen anderen Amartya Sen eindrücklich beschrieben (Sen 2007, S. 30 ff.).

Nicht nur nationalistische bis hin zu ethnologischer und sogar rassistischer Identitätsarroganz kann einen inspirierten Universalismus blockieren; vielmehr auch ein oft unerkannter religiöser Dogmatismus. Dafür reichen schon ein nicht gelten lassen anderer Religionen wie auch abweichende Glaubensinterpretationen aus. Wobei auch eine bestimmte Art von Atheismus dogmatisch werden kann. Wer so verfährt, der schirmt sich vor jedwedem Universalismus ab und schließt sich dafür in seine eigene Überzeugungsblase ein. Ein inspirierter Universalismus ist eben ohne Toleranz und Aufgeschlossenheit auch gegenüber abweichenden Meinungen unserer Mitmenschen nicht lebensfähig.

Das zuletzt Gesagte soll keinesfalls bedeuten, dass der von mir als inspiriert gewertete Universalismus sich gegen religiöse Überzeugungen richtet oder Religion überhaupt für überflüssig erachten soll. Im Gegenteil: Schon der Begriff „inspirierter Universalismus“ soll ja gerade verdeutlichen, dass eine Zusammenschau von geistig-spirituellen Dimensionen mit humanistischen Idealen wie Empathie, Solidarität und Toleranz angestrebt wird. Systemisch kommt dies zumindest vom prinzipiellen Rahmen her durchaus in den Universalien der UN-Menschenrechtserklärung zum Ausdruck. Ein inspirierter Universalismus erfordert, aber mehr als nur Vernunftanwendung via logisch-philosophischen Universalien -Reflexionen. Vielmehr erfordert dieser stets auch, wie bereits oben nach Antoine de Saint Exupéry zitiert, ein „von Herzen erkennendes“ Bemühen. Dabei sollte man sich niemals irgendwelchen religiösen Anführern wie Päpsten und Ayatollahs wie auch unhinterfragten Dogmen unterwerfen. Denn für ein Leben in der Wahrheit kommt es eben allein auf eigene Einsichten sowie autonomes Handeln an.

Letzteres ist unter autokratischen Systemen wie dem russischen und chinesischen bekanntlich oft lebensgefährlich. Aber auch in den (noch) demokratischen Gesellschaften des ehemaligen Westens erfordert dies schon bisher je nach Beruf, Vermögen und sozialer Verflechtung mehr oder weniger Entschiedenheit und manchmal sogar Mut. Wer z. B. eine Karriere als Anwalt oder Wirtschaftsprüfer anstrebt, der wird sich genau überlegen, ob bzw. inwieweit er seine politischen Ansichten und Werturteile in sozialer Hinsicht offen artikuliert. Vermögensberatende Wirtschaftsprüfer und Anwälte werden selbst bei persönlich hoher Wertschätzung einer umfangreichen Anhebung der Erbschaftssteuer zur Herstellung von mehr Verteilungsgerechtigkeit dies öffentlich allenfalls zurückhaltend bekunden. Sie könnten nämlich befürchten, ansonsten als sozialistisch oder einfach als zu idealistisch angesehen zu werden. Das könnte, so mögen sie zumindest befürchten, ihre (wohlhabenderen) Mandanten, aber auch Sozietätspartner schon deshalb irritieren, weil diese sich in Frage gestellt fühlen. Das wiederum könnte der eigenen Karriere abträglich sein. Aus solchen Abwägungspositionen kann bereits in derzeit in der BRD noch systemisch bestehenden Gedanken- und Redefreiheit eine innere Zensurschere ein Handeln aus gesamtgesellschaftlichem Verantwortungsbewusstsein beeinträchtigen wenn nicht sogar verhindern.

Es betrifft aber nicht nur die in der Wirtschaft tätigen Persönlichkeiten, denen sich für ein Leben in der Wahrheit und einem Einstehen für Ideale berufsbedingte Hemmnisse entgegenstellen. Auch für beamtete Lehrkräfte kann das durchaus der Fall sein. Denn ein freilassendes Lernen, um zu lernen, wie dies dazumal Wilhelm von Humboldt einforderte, ist wegen der jedwede Originalität lähmenden Kultusbürokratie und den von dieser durch Richtlinien gegängelten staatlichen Schulen zumindest tendenziell unter die Räder gekommen. Wer dennoch à la Humboldt aus guten Gründen Persönlichkeits- und Individualitätsförderung Vorrang einräumen will, der wird sich den auf Gleichschaltung ausgerichteten Unterrichtsrichtlinien zumindest in Teilen widersetzen müssen. Man wird dieses aber aus Furcht vor disziplinarischen Konsequenzen in aller Regel unterlassen. So ließen sich noch viele andere berufsbedingte Hemmnisse finden, die ein Leben in der Wahrheit erschweren. Allenfalls für Richter sowie Angehörige der Strafverfolgungsbehörden dürfte nahezu eine Deckungsgleichheit von beruflichem Auftrag mit der Stimme des eigenen Gewissens vorliegen. Denn sie sind ja zur Auffindung und Umsetzung von Wahrheit nicht nur berechtigt, sondern gesetzlich sogar verpflichtet.

6.4 Was wir trotz voranschreitender Verantwortungs- und Idealverdrängung tun können

Nach allem bisher Ausgeführten sind in der BRD weder für diese Legislaturperiode noch in fernerer Zukunft systemische Fortschritte in Richtung der oben nach Vaclav Havel skizzierten „existenziellen Revolution" zu erwarten; eher ist, wie in Kapitel eins umrissen, mit weiteren Zerbröselungen der politischen Mitte samt Voranschreiten von Klima- und Umweltbacklash sowie Sozialzerfall zu rechnen. Dafür stehen ja geradezu wie Kronzeugen der aktuelle Bundeskanzler samt dessen Wirtschaftsministerin und diese getrieben und gestützt durch die Parteimehrheit von CDU und insbesondere CSU. Umso wichtiger bleibt es gerade angesichts der von Trump angeführten Wissenschafts- und Demokratiezerstörungen, dass das dadurch befeuerte Chaos als System wenigstens von einem kleinen Teil der Zivilgesellschaft, den ich nachfolgend als die „Wahrheitssucher" bezeichnen möchte, durchschaut wird. Durch diese können sich laut Sarah Stein Lubrano „neue Perspektiven und Meinungen herausbilden … (über die) man beginnt, sich auch für das Wohl der Anderen verantwortlich zu fühlen". Dazu vertritt sie als Politikwissenschaftlerin im SZ-Interview zu ihrem Buch „Don't talk about politics" die These , dass „Aktivisten glücklicher als Menschen sind, an denen die Veränderung der Welt nur vorüberzieht".[1]

Aktivist*innen können ihre gesellschaftliche Verantwortlichkeit sowohl als Einzelgänger*innen wie auch gemeinschaftsbezogen umsetzen, z. B. indem sie „Kulturoasen" begründen bzw. auszubauen versuchen.[2] Es dürften oftmals

[1] SZ Nr. 161 vom 16. Juli 2025, S. 13.

[2] Den Begriff Kulturoasen verwendete 1924 erstmals Rudolf Steiner für – wie er es nannte – „Pflegestätten des Geistes auf landwirtschaftlicher Grundlage", www.youtube.com/watch?v=vGGIAF4Lil. Abgerufen November 2024, nicht mehr verfügbar

weit auseinanderliegende Kultureinrichtungen und/oder oft überregionale Netzwerke und weniger die traditionellen politischen Parteien sein, über die Wahrheitssuchende in der BRD noch chaoseinhegende gesellschaftliche Wirkungen entfalten können.

Nach all dem Gesagten richte ich wie oben bereits angedeutet meine Hoffnungen auf die überschaubare, aber wachsende Gemeinschaft wahrheitssuchender Menschen in der deutschen Zivilgesellschaft. Menschen, die sich nicht mit bequemen Lügen zufriedengeben, die bereit sind, Ideale zu verteidigen, die an die Kraft der Solidarität glauben. Hier, in den sozialen Bewegungen, in engagierten Bürgergruppen, in kritischen Intellektuellenkreisen und bei mutigen Journalisten, könnte der Widerstand gegen die beschriebenen destruktiven Kräfte entstehen.

Zunächst stellt sich auch für sie die oben bereits behandelte Frage: Wie kann jeder Einzelne, aktiv nach Sinn und Wahrheit strebend, einen Beitrag leisten, um das zunehmende Chaos einzudämmen? Als Orientierung könnte ihnen wie oben von mir empfohlen die die Ansätze der Charta 77 des ehemaligen tschechischen Präsidenten und Philosoph Václav Havel dienen. Was Havel bereits vor der Jahrtausendwende erkannte, hat sich – wie oben beschrieben – besonders in den USA in extremer Form negativ verwirklicht: als Dark Enlightenment, als bewusste Zerstörung der Demokratie durch Tech-Oligarchen.

Und hier schließt sich der Kreis zu unseren vorherigen Analysen: Wenn Steiner vom autonomen Ich sprach, dass gegen ahrimanische Kräfte verteidigt werden muss – dann ist Havels Einforderung eines „Lebens in Wahrheit" dessen konkrete Umsetzungsvision. Ich verwendete für diese ab Kapitel vier den Begriff „inspirierter Universalismus". Während das „Dark Enlightenment" Macht konzentrieren, Demokratie zerstören, Menschen zu Objekten technokratischer Optimierung machen will, so will der inspirierte Universalismus Verantwortung demokratisieren, um jeden zur Mitgestaltung zu befähigen und die Würde des Einzelnen wiederherzustellen.

Entscheidend für dessen Ingangsetzung wäre eine Allianz zwischen progressiven Bewegungen, Gewerkschaften, Wissenschaft und Kultur – eine Bewegung quasi aus diesem „inspirierten Universalismus" heraus erwachsen. Die nicht nur gegen etwas kämpft, sondern **für** eine Vision steht: eine Vision, die dem Menschen Würde und Handlungsmacht zurückgibt. Eine Vision, die das Ich gegen Ahriman verteidigt – konkret, praktisch, im Alltag.

Dass solches Engagement mehr als utopisches Wunschdenken sein kann, verdeutlicht ein bemerkenswertes Beispiel aus Hamburg. Dieses zeigt eine Manifestation dessen, was ich mit „inspiriertem Universalismus" auch gemeint habe: Menschen, die aus innerer Überzeugung handeln, Verantwortung übernehmen, sich nicht entmutigen lassen. Im Oktober 2025 gelang dort ein zivilgesellschaftlicher Triumph: Der „Hamburger Zukunftsentscheid" – getragen von Fridays for Future Hamburg, dem NABU, dem Mieterverein und der Gewerkschaft Verdi – erreichte in einem Volksentscheid, dass Hamburg seine Klimaneutralität von 2045 auf 2040 vorzieht. Die Initiative sammelte 106.374 Unterschriften – weit mehr als die geforderten 65.835. Es stimmten rund 54 % für ein ambitionierteres Klimaschutzgesetz.

Und hier schließt sich der Kreis zu Steiner: Was in Hamburg geschah, kann schon kleiner kalibriert werden in lokalen Gemeinschaftsprojekten – Nachbarschaftsinitiativen, Repair-Cafés, solidarische Beziehungen schaffen gegen algorithmische Isolation. Weil sie Solidarität stärken gegen Fragmentierung. Weil sie das „Ich" im „Wir" erfahrbar machen.

Doch wenn man von Ahriman als destruktiver Kraft spricht, die das autonome Ich ausschalten will – dann stellt sich die Frage nach der Gegenkraft. In Rudolf Steiners Weltbild manifestiert sich diese in Erzengel Michael mit seinen Heerscharen als Diener des kosmischen Christus. Diese zusammen lichten Geisteswesen, die um Unterstützung ersuchenden Individuen Fähigkeiten zu aufrechtem, bewusstem Widerstand verleihen können. Der kosmische Christus steht demnach für die Kraft, die das Ich stärkt, während Ahriman es auslöschen will.

Die genannten Beispiele zeigen: Michaelische Kraft kann in konkrete Aktionen transformiert werden, nicht nur in Hamburg, sondern global wie z. B. in den Gen-Z-Protesten. Diese explodierten ab 2024 in mehreren Ländern und manifestierten sich für dasselbe Prinzip: dezentrale Organisation, gewaltfreier Widerstand, die Weigerung, sich entmündigen zu lassen. In Kenia erzwangen junge Menschen im Juni 2024 den Rückzug des Finance Bill – über soziale Medien erreichten sie 750 Mio. Menschen. In Bangladesch entwickelte sich aus Protesten gegen Quotenregelungen die „Julirevolution" – trotz brutaler Repression, trotz über 300 Toten stürzten sie die autoritäre Regierung von Sheikh Hasina. Weitere Bewegungen entstanden in Nepal, Indonesien, den Philippinen, Nigeria.

Was diese Bewegungen verbindet: Sie operieren ohne zentrale Führungsfiguren. Sie setzen auf Transparenz, Meritokratie, demokratische Teilhabe – genau gegen jene Strukturen, die Dark Enlightenment propagiert: Nepotismus, Elitenherrschaft, Ausschluss der Vielen.

Epilog

An all den Stellen, an denen ich voranstehend meine Sicht zur Verursachung des aktuellen Chaos-Geschehens dargestellt habe, versuchte ich stets vorweg die Entscheidungsfreiheit der Leser und Leserinnen für deren eventuelle Zustimmung oder Ablehnung meiner diesbezüglichen Thesen hervorzuheben. Selbiges betonte ich noch mehr für die spirituellen Begründungen meiner Thesen. Denn nichts liegt mir ferner, als irgendjemanden über irgendetwas zu belehren, geschweige denn zu missionieren. Mir ist durchaus bewusst, dass es nicht nur für Atheisten, sondern auch die meisten Agnostiker keine „antichristlichen Geisteswesen" und schon gar nicht so etwas wie Ahriman und Satan gibt bzw. geben sollte – Punkt! Solche Einstellungen möchte ich mit diesem Buch auch nur nicht im geringsten in Frage stellen.

Unberührt davon halte ich aber meine eigene Meinung aufrecht. Nach dieser bin ich fest davon überzeugt, dass das in diesem Buch geschilderte „Chaos als System" nicht nur

B. Schloen, *Chaos als System*, https://doi.org/10.1007/978-3-658-50870-8

wie geschildert auf perfide Weise seinen diabolischen beweist. Genauso überzeugt bin ich von den dargestellten Absichten, mit denen die dunklen Mächte dieses System aktuell für jeden unübersehbar zur Realität werden lassen. Was mich vor allem deshalb in meinen Auffassungen bestärkt, dieses System verblüffenden Übereinstimmungen mit diesbezüglich schon vor über einhundert Jahren gegebenen Vorhersagen Solowjows und Steiners übereinstimmt. Zum anderen beeindruckt mich die so meisterhaft koordinierte Globalität des aktuellen Chaos-Geschehens. Macht dies doch deutlich, dass es antichristliche Geisteswesenmit übermenschlicher Intelligenz am Wiken sind. Ihnen geht es aber final darum ,die Menschheit endgültig von dem Kurs ,den Ihnen die lichten Mächte wie dargestellt zugedacht haben , abspenstig machen wollen. Wenigstens phänomenolische Wirkungen davon erkennen ja inzwischen auch so kluge Köpfe wie der bekannte Ökonom Marcel Fratscher, laut dem „die sozialen Konflikte zunehmen, die Demokratie ausgehöhlt wird, der Klimawandel eine existenzielle Bedrohung ist … ja, junge Leute (in) mancher ihrer Rechte beraubt (werden) … zu viel Ignoranz, Selbstbezogenheit und Naivität. Wir wollen zu lange schon die Realität nicht sehen … leider empfinden es viele schon als Affront, wenn jemand sagt: Wir müssen unser Verhalten ändern.“[1]

Leider stehen Fratscher und der sich ähnlicher positionierende zweite Ökonomie-Leuchtturm der BRD, nämlich Professor Schularick mit ähnlich wahrheitsnahen Einsichten weitgehend allein. Denn anders als sie verblieb der Sachverständigenrat für die Bundesregierung von den jüngsten Chaos-Geschehnissen bisher verblüffend unbeeindruckt. Sie verharren bei ihren oben kritisierten neoliberalen Wachstumsanbetungen samt den diesen zu Grunde liegenden Realitätsverweigerungen. Darin treu-

[1] Spiegel Nr. 35 vom 22. August 2025, S. 58 f.

herzig gefolgt von Bundeskanzler Merz und der Mehrheit seiner CDU/CSU-Parlamentarier, deren vom Sachverständigenrat grundsätzlich befürwortete, überwiegend aber antisoziale „Reformbestrebungen“ breite Bevölkerungskreise Schritt für Schritt in die Arme von AfD und BSW zu treiben drohen. Was besonders fatal ist, weil schon jetzt eine Bevölkerungsmehrheit, so wie es jüngst die SZ kommentierte, mit „sorglosem Ressourcenverbrauch, fahrlässiger Verwüstung des Planeten ... und unnötigem Einkauf ... des sich nicht Einschränken – wollens ... sondern lieber die Probleme an die eigenen Kinder weiterschieben“, ein immer noch tiefer ins Chaos Abgleiten in Kauf nimmt.[2]

Aber selbst die zitierten „Klarseher“, die ich sowohl als freiheitsliebend wie auch als autonom kritisch ansehen möchte, tun sich mit einer Benennung der Verursachungskräfte für das dieses Chaosgeschehen wie die meisten ihrer politisch ernst zu nehmenden Zeitgenossen schwer. Da bildet Snyder mit seiner intuitiven Einsicht, das in den USA breite und vor allem einflussreiche Bevölkerungsgruppen mental „gehackt“ zu werden scheinen, eine bemerkenswerte Ausnahme. Genauso wie Ex-Vizekanzler Robert Habeck, der zusammen mit dem ihm befreundeten Blogger Thilo Jung und Anderen den überraschenden Seitenwechsel der USA zur Achse der autokratischen Freiheits- und Demokratiebekämpfer als entscheidende Befeuerung einer finsteren, globalen Allianz von „Brüdern im Geiste“ deutet. Jedoch reichen all diese in zutreffende Assoziationen nach den in diesem Buch gegebenen Wertungen für eine wirksame Gegenwehr bei weitem nicht aus. Denn wir müssen aus meiner Sicht lernen, die Diabolik und das Gefahrenpotenzial des hier geschilderten „Chaos als System“ durchschauend zu begreifen. Dazu habe ich im zweiten Hauptteil dieses Buches versucht, hilfreiche Aufklärungs- und

[2] SZ Nr. 190 vom 27. August 2025, S. 4.

Orientierungsangebote für vertiefte Durchblicke zu geben. Zu diesen Angeboten erlaube ich mir nochmals meine feste Überzeugung zum Ausdruck zu bringen, dass:

1. Der Menschheit seit 2025 viel offensichtlicher als jemals seit Ende des Zweiten Weltkriegs die brutale Wirksamkeit antichristlicher Geisteswesen offen entgegen tritt. Dies könnte sich in Zukunft durchaus noch verstärken. Nennen wir diese Wesen nach Bibelangaben von mir aus satanisch oder in Anlehnung an Steiner „ahrmanisch".
2. Auf Einzelpersonen bezogen die ahrimanische Wesenheiten ihre Wirksamkeit aktuell am sichtbarsten über Donald Trump beweisen, der wie eine ahrimanische Marionette funktioniert. Als solche zeichnet er sich bei genauerer Betrachtung durch eine Symbiose von extremem Narzissmus bei unterdurchschnittlicher Denkfähigkeit, aber großer Begabung für „Reality Shows" aus. Stets offensichtlich gesteuert von einer oberhalb seiner Geistpotenziale stehenden, höheren Intelligenz. Diese kalte Intelligenz steuert und nutzt den Menschen Trump als schauspielerisch begabte Marionette wie ein Medium. Man nennt dies in der Anthroposophie „Inkorporation". Bei dieser wirken das erhaltengebliebene, niedere Ich des Menschen mit einem daneben inkorporierten, höheren Geisteswesen zusammen. Ganz im Gegensatz zur Inkarnation eines höheren Geisteswesen in menschliche Umhüllungen, wodurch das menschliche Ich vollständig von höherer Geistigkeit verdrängt wird.
3. Ähnlich verhält es sich bei allen anderen der im ersten Hauptteil geschilderten Ungeheuerlichkeiten: Bei diesen werden von Ahriman mit Unterstützung Luzifers über Trump initiierten Angriffen auf Menschenwürde, Solidarität, Wissenschaftlichkeit und demokratisch unterlegter Freiheitlichkeit zur globalen Realität.

Dass derartige Heimsuchungen noch in unserem Jahrhundert die Menschheit verstärkt bedrohen würden, darauf hat Steiner wie bereits oben erwähnt schon vor gut einhundert Jahren wiederholt hingewiesen. Was bedeuten kann, dass:

- sich die jetzt schon so wirksamen Menschheitsverführungen Ahrimans noch einmal wesentlich verschärfen;
- Ahriman über eine eigene Inkarnation noch in diesem Jahrhundert nicht mehr auf Marionetten wie Trump angewiesen ist. Sondern als charismatisch-genialer, innerlich von Kälte und Lügenhaftigkeit durchtriebenes Geisteswesen in Menschengestalt und in solcher Sympathie gewinnend die Menschheit noch mehr als bisher schon verführen kann.
- Dafür hat er bereits jetzt durch ihm ergebene Erfüllungsgehilfen wie die Tech-Oligarchen mit all ihren IT-Plattformen sowie KI-verstärken Sucht- und Verführungs-Apps günstige Inkarnationsbedingungen geschaffen.

Nachwort

Vor allem im Nachhinein wird sich so manche(r) Leser(in) fragen, warum ich mich in diesem Buch so häufig auf geisteswissenschaftliche sowie philosophische Erkenntnisse Steiners gestützt habe? Das sollten zwar die vorstehenden Ausführungen eigentlich im Wesentlichen beantwortet haben. Doch meine ich, dass ich doch einige biographische Anmerkungen dazu geben zu sollte. Insbesondere solche, die meine diesbezüglichen Begegnungen und Beeinflussungen durch Steiners Geisteswissenschaft betreffen.

Als ich 1980, frisch zum Wirtschaftsprüfer gekürt, meine freiberufliche Laufbahn in Partnerschaft mit einer Rechtsanwalts- und Notarsozietät in Bremen startete, da war so etwas wie Anthroposophie und Wahrheitssuche im Steinerschen Sinne für mich überhaupt kein Thema. Mir ging es damals 35 Jahre alt wie so vielen meiner Kollegen auch schlicht um beruflichen Erfolg und finanzielle Sicherheiten für meine Familie. Zu deren Absicherung wollte ich zudem

B. Schloen, *Chaos als System*, https://doi.org/10.1007/978-3-658-50870-8

meinen sechs Jahre zuvor mit beachtlichem Fremdkapitaleinsatz mittels Schenkungs-Kaufvertrag erworbenen, elterlichen Reiter-Ferienhof schnellstmöglich schuldenfrei machen. Dies erleichtert durch betriebliches Engagement meiner Frau und dieses durch mich unterstützt durch nebenberufliches „Gentleman-Farming". Das gelang mir in ersten Teilen schon 1980 über erfolgreiche Mandantenakquisen wie z. B. den größten Bauträger Bremens sowie der Begutachtung von Insolvenzmandaten meiner Sozietätspartner und bei Praxisbeginn erworbenen Mittelständlern.

Aber bereits ab Spätherbst 1980 erfuhr mein solchermaßen rein ökonomisch ausgerichtetes Wertesystem einen ersten, inneren Orientierungswandel. Ich kam zu diesem Zeitpunkt nämlich erstmals mit Steiners Anthroposophie in Berührung. Dies trotz eindringlicher Warnungen meiner kirchengläubigen Mutter, nämlich dass ich jede Art von Esoterik wegen deren Gefährlichkeit tunlichst meiden sollte. Nur war solche Zurückhaltung für mich schon wegen meiner Ende 1980 erfolgten Bestellung zum Finanzvorstand einer Waldorfschule keine Option mehr. Dafür las ich mit anfänglich großer Skepsis zwecks waldorfgerechtem Kompetenznachweis Steiners Monografie „Das Christentum als mystische Tatsache". Deren Lektüre allerdings überraschte mich doch positiv. So widmete ich mich fortan intensiv Steiners Geisteswissenschaft. Dadurch eröffnete sich für mich allmählich ein ganz neuartiger Weltanschauungskosmos. Letzterer wiederum gewann zunehmend auch Einfluss auf die Ausrichtung, aber auch Handhabung meiner weiteren Berufsausübung.

Zunächst begann ich als erste Neuausrichtung bereits 1981 mit der Beratung der in anthroposophischen Zusammenhängen bekannten Bauck KG nebst anderen mit dieser im biologisch-dynamischen Vermarktungsbereich zusammenarbeitenden Mittelstandsfirmen. Darüber wiederum lernte ich Vorstände der anthroposophisch orientierten GLS Bank kennen, durch die ich an bundesweit bekannte, der Anthroposophie nahestehende Unternehmer herangeführt wurde. Zu diesen gehörten die größten deutschen Vermarkter für biologisch-dynamisch erzeugte Lebensmittel, wie z. B. Götz Werner als Gründer der DM-Märkte. Ferner Götz Rehn als Gründer von ALNATURA und Wolfgang Gutberlet als Eigentümer und Leiter von TEEGUT in Fulda. Auch traf ich bei dieser Gelegenheit auf den Fabrikanten Erich Colsmann aus Wuppertal ,meinen Kollegen Benediktus Hardorp aus Heidelberg sowie den Straßenbau – und Steinbruchinternehmerunternehmer H. Berneburg aus Hannover. Diese zusammen hatten sich über Hardorp zu einem von ihnen so genannten „Oberreifenberger Kreis" verbunden. Dem gehörte ich von da an für weitere 10 Jahre bei 4 fachen,2 tägigen Gemeinschaftstreffen pro Jahr an. Mit und für diesen Kreis gründete ich sodann 1990 zusammen mit Hardorp eine „Gesellschaft für Unternehmenskultur". Für Letztere wollte H. Berneburg über seine GmbH-Stiftung ,deren Anteile meine Wirtschaftsprüfungsgesellschaft treuhänderisch für den vorgenannten Unternehmerkreis hielt ,ein Mustergut in den neuen Bundesländern erwerben. Er bat mich diesbezüglich zur Konzipierung und Platzierung eines dafür geeigneten Spezialfonds „auf ihn meinerseits zuzukommen". Nur fehlte mir damals für ein solche Management- und Mitunternehmerlaufbahn für größere, biodynamische Musterbetrieben samt Spezialfondsentwicklungen die notwendige unternehmerische Entschlossenheit. Ich blieb also nach heftigem inneren Entscheidungsringen um Abhängigkeiten und Gestaltungschancen „bei meinen Leisten" als unabhängiger Freiberufler . Im Auftrag von H. Berneburg übernahm ich lediglich mit Agrarspezialisten wie Arno Langen aus Köln als Biohofbesitzer und Chef von Pfeifer & Langen sowie Dr. Klett als Leiter des bundesweit bekannten

Dottenfelder Hof zusammen umfangreiche Gutsevaluierungen aus dem Treuhandanstalt – bzw. BVVG-Besitz. Dadurch gewann ich immerhin nicht nur einen Einblick in viele ehemalige DDR-Mustergüter wie z. B. jenes in Hohen Luckow bei Rostock . Sondern lernte auch viel über das DDR-Agrarsystem, was meiner späteren Praxisausrichtung ab den 2000 er-Jahren durchaus zugutekommen sollte.

Ansonsten wurde ich während der 90er-Jahre neben meinen normalen Prüfungs- und Beratungsmandanten auch für weitere anthroposophische Einrichtungen wie z. B. die SYNANON Vereinigung in Berlin mit beratungsmäßiger Begleitung von deren Vorsitzenden Ingo Wanken wie auch dem internationalen NPI-Netzwerk nach dem bekannten niederländischen Anthroposophen Professor Lievegood in Zeist (NL) tätig. Ferner für ein Initiativprojekt mit Namen „Stiftergesellschaft für Schauspielkultur", welches ich gemeinnützigkeitsrechtlich über meine Wirtschaftsprüfungsgesellschaft verantwortete. Deren Schauspielprojekt wurde aufgrund einer vom Kulturamt Kassel für die Documenta IX über den Regisseur Heinz Friedrich durchgeführte Ausschreibung entwickelt. Von ihm wurden via Treuhandschaft meiner WPG Mysteriendramen Rudolf Steiners erstmals in öffentlichen Einrichtungen wie dem staatlichen Theater in Dresden gezeigt.

Ab den 2000er-Jahren verlagerte ich den Schwerpunkt meiner WP-Tätigkeiten auf die östlichen Bundesländer. Dafür siedelte ich meinen 30-jährigen Praxissitz in der Baumwollbörse zu Bremen nach Berlin – Nähe Schlossplatz um. Von dort aus nahm mich ab 2007 als Aktionsschwerpunkt zunehmend der biologische Agrarbereich in Anspruch. Dies geschah unter nicht unwesentlicher Aktivierung meiner zuvor durch obige Anthroposophen gewonnenen Verbindungen. Mir halfen aber auch Verbindungspotenziale des MV-Bauernverbandspräsidenten Wolfgang Jäger sowie die des im Biobereich bundesweit bekannten Graf Bassewitz. Mit diesen zusammen startete ich in Absprache mit der BVVG in Berlin den auf deren Vorschlag von mir entwickelten, so genannten „Alteigentümerfonds“ in der Rechtsform einer AG & Co. KG AUF AKTIEN. Zu deren Gründungsvorstand haben wir in 2010 die Rechtsanwältin und Landwirtin Cornelia von Maltzahn bestellt. Die Einwerbung von genügend Bodenerwerbsberechtigten dafür übernahm auf Vermittlung von Graf Bassewitz die Herzogin von Oldenburg, die ja inzwischen bei vielen Bundesbürgern als agitationsfreudige AfD-Bundestagsabgeordnete unter dem verbürgerlichten Namen Beatrice von Storch berüchtigt ist. Ihre damals für unser Projekt ausgeführten Rundschreiben an Alteigentümernachfolger waren allerdings nicht politisch. Dafür aber so erfolgreich, dass wir mit einem beachtlichen Ankaufpotenzial unseren „HOFFONDSGUT-Bodenfonds“ in 2011 mit Unterstützung der BVVG (= Treuhand-Nachfolgegesellschaft in Berlin) starten konnten. Dafür mussten wir allerdings heftige Attacken von Anwalts- und Notarsozietäten aabwehren, dieunser Konzept und Problemlösungsangebot an ihre Mandanten als Gefährdung ihres Einflussmonopols bei den Alteigentümern werteten. Uns gelang nur mit Mühe und erst mit Unterstützung von Staatssekretären aus dem Finanzministerium, deren diffamierende Attacken gegenüber dem BAFIN abzuwehren. Wäre uns letzteres nicht gelungen, so hätten deren Attacken für mich als allein verantwortlichem Fondsentwickler nicht zu einem schmählichen Ende meiner beruflichen Laufbahn, sondern darüber hinaus zu erheblichen Schadensersatzverlusten aus Prospekthaftung führen können.

So aber konnte ich nach internen Machtverteilungskämpfen um die künftige Anführerschaft für diesen aber auch zukünftige Agrarfonds meinen Fondsplatzierungszielen mit maßgeblicher Unterstützung durch Rübke von Veltheim schnell näherkommen. Mit Letzterem zusammen gelang es mir über Anker-Aktienerwerbe des Goldberg-Konzerns in Bielefeld bis 2014 durch Eigenkapital finanzierte Agrargrundstücke von nominell 50 Mio. € zu platzieren. Mit diesem Erfolgsnachweis begann ich ab Mitte 2014 eine ganz neuartige Generation von Agrarfonds speziell für Eigenkapitalhilfen an Nachwuchsführungskräften von Nachfolge-LPGs zu entwickeln. Als Einstiegs-Anlageprojekt dafür diente mir 2015 eine vor dem Ort Frauendorf (nahe Stralsund) gelegene LPG-Nachfolgegesellschaft mit rund 4000 von ursprünglich 7000 ha-LN Bewirtschaftungsflächen. Davon gut 1500 ha-LN.an Eigentumsflächen. Für deren Erwerb fand ich einen im benachbarten Velgast einen ortsansässigen Landwirt, dem ich konzeptionell verhalf, sich in einem Bieterwettbewerb gegen an Kapitalkraft weit überlegenen Unternehmer aus den alten Bundesländern durchzusetzen. Dafür bekam ich im Auftrag des vorgenannten Landwirts die Gelegenheit, die in Deutschland landschaftlich wohl schönste Nachfolge – LPG zu begutachten und zu bewerten. Besonders faszinierend waren für mich deren Ackerflächen auf einer Halbinsel, die den Barther Bodden vom Stralesund trennt und von deren nördlicher, hochaufragender Spitze man einen herrlichen Ausblick zur Linken auf die Halbinsel Zingst, nach Norden auf die Südspitze der Insel Hiddensee und nach Osten auf die Insel Rügen genießen kann. Einem Rundblick also auf die Highlights deutscher Urlaubsparadiese.

Aber diese paradiesischen Spezialfondschancen sollten sich schon in 2016 zerschlagen, weil der durch mich ins Spiel gebrachte Landwirt die in seinem notariellen Kaufvertrag vereinbarten Mitteilungspflichten versäumte. Hinzu kam ,dass ich im März 2016 einen Herzinfarkt erlitt, was mich zur einer sofortigen Abkehr von meiner konzentrationsherausfordernden und haftungsmäßig keinesfalls risikolosen „Multi-Tasking"-Tätigkeit veranlasste. So beschloss ich nach Aufräumen noch zu erledigender Praxisbaustellen in 2017 meine „Selbstpensionierung". Mit dieser konnte ich beruflich endlich ohne jeden Terminzwang das tun, was ich schon immer ohne Rücksicht auf Weltanschauungen und Eigeninteressen verengten Empfindlichkeiten von Mandanten Kund tun wollte. Nämlich mich als Buchautor mit dem Thema SOLIDARITÄT und VERTEILUNGS-GERECHTIGKEIT in Richtung des in Kapitel zwei dargestellte „Dreigliederungskonzepts" Rudolf Steiners auseinander zu setzen.

Aus mikrosozialen Berufserfahrungen zu anthroposophisch inspirierten Makrostrategien

Für derartige Aktualisierungen von Steiners damals revolutionärer „Dreigliederungsversion" erschien es mir zunächst naheliegend, die diesbezügliche Eignung der von meinen ehemaligen Partnern in der Gesellschaft für Unternehmenskultur, nämlich Goetz Werner und Benediktus Hardorp, Anfang dieses Jahrhunderts gestarteten Initiative für ein „Bedingungsloses Grundeinkommen" (BGE) zu prüfen. Immerhin ging es beiden mit ihren BGE-Vorstellungen ja offensichtlich wie schon weiland Steiner um eine mich sozialpolitisch überzeugende Trennung von Arbeit und Einkommen. Allerdings bemerkte ich schon nach kurzer Beschäftigung mit deren BGE – Vorstellungen, das es für diese noch einen erheblichen Aufklärungsbedarf in Sachen politisch umsetzbarer BGE-Finanzierbarkeit gab. Das wurde mir besonders deutlich bewusst, als ich Anfang 2018 ein Fernsehinterview von Markus Lanz mit Goetz Werner verfolgte. Mit diesem wurde mir klar, dass Werner und Hardorp ihr auf € 1500, – je Monat für jeden einzelnen Bürger vorgedachtes Konzept allein über Konsumsteuern finanzieren wollten. Was nicht nur für mich, sondern wie ich später erfuhr auch für prominente Volkswirte auf eine (bildlich gesprochen) „Brandbeschleunigung zur galoppierender Inflationswiederkehr“ hinauslaufen würde. Solchen Fehleinschätzungen wollte ich zur Rettung der von Werner gerade entzündeten BGE-Akzeptanz so schnell wie möglich mit einem eigenen Buchprojekt entgegentreten. Für dessen Titel wollte ich eine Replik der FDP-Politikerin Sabine Leutheusser-Schnarrenberger im obigen Interview in Sachen Menschenwürde nutzen, auf die Goetz Werner mit der steilen These antwortete, Menschenwürde sei, ohne ein auskömmliches BGE nicht zu gewährleisten.

Diesem Gedanken folgend reichte ich Ende 2018 mein davon inspiriertes Manuskript zum Thema „Grundeinkommen und Menschenwürde“ beim Gabler-Springer-Verlag ein, der dies im Frühjahr 2019 veröffentlichte. Dank eines bei Erscheinen geführten Interview mit der *Spiegel*-Redakteurin Marianne Wellershoff und dessen digitaler Verbreitung über *Spiegel online* erreichte ich aus dem Stand eine in die Zehntausende hineinreichende Leserschaft des Interviews samt einer umwerfenden E-Mail-Schwemme dazu. Dieses Ergebnis wurde nochmals getoppt durch ein daraufhin vom *Spiegel* organisiertes Streitgespräch mit dem Verdi-Bundesvorstand Ralf Krämer, einem ausgewiesenen BGE-Gegner. Dieses Streitgespräch wurde am 27. Dezember 2019 in *Spiegel online* veröffentlicht und verblieb für gut 14 Tage in der aktuellen Primär-Themenanzeige von *Spiegel online* wegen der auch für diese Medium ungewöhnlich hohen Leserfrequenz. Das Thema BGE traf zumindest damals (noch) einen offensichtlichen Nerv.

Es meldeten sich zum obigen Interview samt Streitgespräch sodann nicht nur BGE-Laien, sondern sogar einzelne BGE-Expert*innen, so u. a. die Ghostwriterin von Götz Werner, Claudia Cornelsen. Diese arbeitete damals eng mit Michael Bohmeyer zusammen, der die einzige bundesweit ausstrahlende BGE-NGO mit Namen „Mein Grundeinkommen“ aufgebaut hatte und mit dieser erfolgreich über geschickte Spendeneinwerbung befristete BGE-Unterstützungen finanziert. Er berichtet regelmäßig bis heute über deren bemerkenswert positive Verhaltensauswirkungen (Bohmeyer und Cornelsen 2019, S. 25 ff.).

Cornelsen teilte mir sodann überraschend im Sommer 2019 mit, dass Götz Werner wegen seiner Schlaganfall-Erkrankung ihrem Eindruck nach in eine Art Torschlusspanik verfallen aus dem Stand eine Stiftungsprofessur für BGE-Forschungen etablieren wolle. Diese Professur solle auf einen ihr und mir bis dahin unbekannten Professor Neumärker, finanziert von der Götz-Werner-Stiftung, übertragen werden. Daraufhin nahm ich diesen Professor Neumärker sogleich in den erweiterten Kreis der Protokollempfänger für meine obigen Interviews und Streitgespräche auf, was Neumärker sehr bald mit einer Einladung an mich zur Einweihung seines, wie er es damals benannte, „FRIBIS – Freiburg Institute for Basic Income Studies“ nahm. Dessen Einweihung fand Ende Oktober 2019 in der Uni Freiburg im Rahmen eines Festaktes mit vielen professorablen Laudatoren statt, wobei ich mich nach vielen Jahren erstmals wieder mit Goetz Werner austauschen konnte. Sodann fand am nächsten Tag ein Gespräch mit Professor Neumärker statt, wodurch ich den Eindruck gewann, dass dies vermutlich das letzte FRIBIS-Treffen mit ihm sein dürfte.

Unbeschadet davon entwickelte ich bis 2021 das Thema BGE über Buchprojekte zur „Klimasolidarität“ (Schloen 2021) und sodann „Zivilisationsrettung – Ein Manifest zum klimasolidarischen Grundeinkommen“ (Schloen 2023) weiter. Daneben begann ich meine Fühler nach Aktivisten für die Umsetzung der in diesen Büchern angesprochenen Anliegen und Konzepte auszustrecken. Dazu gehörten auch Netzwerke der im Bundestag vertretenen Parteien wie z. B. führenden Mitgliedern von „Grünes Netzwerk Grundeinkommen“.

Spätestens ab Mitte des Jahres 2023 begann mir aber zu dämmern, dass meine bis dahin so optimistisch entwickelten und publizierten Rettungsstrategien nach dem sich ankündigende Backlash nach der Corna Krise sowie außerhalb jedweder Rationalität liegenden, kulturellen Defiziten und vor allem destruktiven, geistigen Gegenkräften wohl niemals zur Umsetzung gelangen würden. Wozu ich mir inzwischen eingestehen muss, dass ich solche Gegenkräfte bis dahin viel zu wenig und schon gar nicht während meiner weit zurückliegenden Promotions- und Wissenschaftszeit an den Universitäten Münster und Hohenheim ernst genommen habe. Wegen dieser meiner damals völligen, spirituellen Unbedarftheit wurde mir von meinem Hohenheimer Institutsleiter, Professor Röhm der Vorwurf gemacht, dass ich doch ein reiner Ökonomist sei. Eine Art von Weltanschauung, die ihm als Pastorensohn mit eher idealistischer Erziehung völlig fremd war. Nur wollte ich damals für meine Dissertation nicht den eher auf genossenschaftliche Solidarität gerichteten Forschungswünschen von Prof. Röhm folgen. Sondern vielmehr aus meiner heutigen Sicht geradezu naiv dem Credo US-amerikanischer Verhaltensökonomen wie Cyert und March, die mein Doktorvater Boettcher nach Beendigung seiner Marxismusphase neuerdings auf seinen Schild gehoben hatte. Nach deren Axiomen sei der Mensch eben doch, wie es uns die klassischen Ökonomen schon seit Urzeiten glauben machen wollten, ein stets eigennütziges und rational handelndes Wesen. Genau diese Neuorientierung Boettchers in Richtung einer sozialdarwinistischen Menschensicht wollte er auch in meiner Dissertation genügend gewürdigt finden. Dagegen hätte die gegensätzliche Weltanschauung von Prof. Röhm für mich durchaus Anlass für eine vertiefte Auseinandersetzung mit der Axiomatik obiger Verhaltensökonomen sein können. Damit hätte sich für mich eine Steilvorlage für eine vielversprechende, wissenschaftliche

Laufbahn eröffnet. Nur fehlte mir damals jedwede gefestigte Haltung für einen weltanschaulich-philosophischen Diskurs. Und so „versemmelte" ich aus heutigem Rückblick meine Einstiegschancen in eine über den Keynesianismus hinausreichende Dissertation und letztendlich auch Habilitation. Meine dem damaligen Mainstream angepasste Dissertation wurde wohl auch deshalb mit „summa cum laude" bewertet und mit einem Preis der Uni-Münster ausgezeichnet.

Erst jetzt aber, nach Jahrzehnten anthroposophischer Studien und inzwischen sogar genügend Zeit für tiefergehende Reflexionen erkenne ich mehr und mehr meine damaligen, fundamentalen Irrtümer. Darüber hinaus beginne ich zu erahnen, dass meine Strategiepublikationen wegen des zu „Überreichtum" (Martina Linartas) wie auch Demokratiezerfall führenden Neoliberalismus vollständig ins Leere laufen dürften. Solches befördert auch die im ersten Kapitel dieses Buches analysierte Hasenfüßigkeit samt Realitätsverdrängungen der politischen Mitte der BRD. Diese droht nunmehr in Folge der oben anlysierten Kultur-Angriffe von Trump, Putin und anderer Autokraten das ein Chaos als System fest zu verankern. Eine Verankerung, die sich schon wegen des in Anlehnung an Münkler oben geschilderten Fehlens von strategischen Köpfen gerade in der BRD und damit für Europa insgesamt sehr negativ auswirken könnte. Hätte ich, so fragte ich mich deshalb ebenfalls ab 2023 immer intensiver, nicht schon sehr viel früher auch aus anthroposophischer Sicht versuchen müssen, auf derartige Gefahrenpotentiale deutlicher hinzuweisen?

In diesem resignativen Reflexionsmodus erhielt ich unerwartet eine Einladung zu einem Workshop des oben schon erwähnten FRIBIS-Instituts an der Universität Heidelberg. Der Workshop trug den mich spontan ansprechenden Arbeitstitel „BGE – Als ökonomisches Narrativ" und sollte vom 23. bis zum 26. September 2023 dauern. Zugesagt hatten immerhin sieben renommierte Wissenschaftler und zwei BGE-Aktivisten*innen. Alle verbanden, wie ich im Verlauf des Workshops feststellte, bemerkenswerte Übereinstimmungen in ihren durchweg wirtschafts- und gesellschaftskritischen Auffassungen. Zudem disputierten sie einander durchweg positiv zugewandt.

Dadurch entwickelt sich die Tagung zu einer fast euphorischen Aufbruchsstimmung, an deren Ende die Veröffentlichung eines Sammelbands über die vorgetragenen Beiträge und ggf. der anschließende Versuch zu einer gemeinsamen Diskursweiterführung verabredet wurde (FN 11, siehe Schloen 2026).

Dem avisierten Diskurs wollten so gestandene Ökonomen wie Professor Michael Roos aus Bochum sowie der im DIW wirkende, bekannte Soziologe Professor Jürgen Schupp aus Berlin angehören. Wobei Jürgen Schupp über das DIW in ständigem Austausch auch in Sachen BGE mit dessen bekanntem Präsidenten Professor Moritz Fratzscher stand. Immerhin zählt Letzterer mit dem Präsidenten des Kieler Weltwirtschaftsinstitut Professor Moritz Schularick wie oben angedeutet zu den anerkanntesten Ökonomen Deutschlands.

Nur ahnte sowohl ich wie auch anscheinend die Mehrzahl der übrigen Teilnehmer, während dieser vielversprechende Workshop nicht, dass die FRIBIS-Potenziale für hochgesteckte Diskursziele viel zu fragil waren. Dafür verantwortlich war neben dem Institutsleiter auch der Institutsgeschäftsführer. Letzterer begann durch seine Videos über Russia-Today (RT) in deren Querdenker-Kanal „Bedingungsloses Geld in Zeiten totaler Kontrolle" Fake News zu verbreiten, wie : „Deutschland ist kein Rechtsstaat mehr." Zudem verglich er in Orwell'scher Weise in diesem Video die Bundesregierung mit dem Unterdrückungsapparat der Nazis und behauptete dazu: „Die Bilder russischer Kriegsverbrechen in der Ukraine sind von westlichen Medien gefälscht.“[1] Das alles geschah ausgerechnet von Jemandem, dem Goetz Werner noch zu Lebzeiten als anthroposophisch besonders talentierten Künstler so sehr vertraut und finanziell unterstützt hatte.

Dem Geschäftsführer wurde zwar nach Bekanntwerden dieses von mir recherchierten Vertrauensbruchs gekündigt. Nur: Damit war ich meinem eigentlichen Ziel der Mitwirkung in einem interdisziplinären Forscher- und Aktivistenteams zur Solidaritäts- und BGE-Thematik keinen Schritt nähergekommen. Eher sah es für mich nach einer eher abwärts gerichteten, planmäßigen Abwicklung des mit viel Erwartungen gegründeten BGE Forschungsinstitut aus, ohne das bisher für dieses Ersatz in Aussicht steht.

So musste ich wieder einmal erleben, wie schnell mit großem Idealismus gestartete und zudem notwendige Projekte an unvorhersehbarem Fehlverhalten und teilweise sogar Obstruktionen leitender Projektbeauftragter scheitern können. Wobei nach meinem Eindruck solche Versandungen auch durch Angriffe antichristlicher Widersacher befeuert wurden. Was übrigens auch bei vielen sich Anthroposophen nennenden Persönlichkeiten wie zudem einzelnen Prominenten gerade während der Coronakrise augenscheinlich der Fall war. Vor allem, was deren oft irrational begründete Impfablehnungen betraf. Was alles im Vergleich zu den oben geschilderten Attacken von Trump & Co. wenig Bedeutung haben mag, Was aber denn noch geeignet war, Verschwörungstheoretikern zunehmend das Feld zu bereiten.

---

[1] Vgl. dazu ab 50:50 min: https://www.youtube.com/watch?v=pkl6pJlWJ6Q. Siehe dazu auch (https://www.faz.net/aktuell/feuilleton/medien/der-qoutube-kanal-infrarot-und -rt-de-17831037.html. Abgerufen: Januar 2025, nicht mehr verfügbar.

Überhaupt sehe in allen Verschwörungstheoretikern, egal ob deren Verdächtige Freimaurer, Scientology oder sonst wie heißen mögen, höchst problematische Verführungsgehilfen und damit Chaosbefeuerer. Wofür dieses Buch mehr Bewusstsein schaffen möge. Dessen Titel CHAOS ALS SYSTEM ist übrigens genauso wie der ergänzende Untertitel von den hervorragenden Lektorinnen des Springer Gabler Verlages ins Spiel gebracht worden. Die von Letzteren angeregten Wortverbindungen charakterisieren m.E. punktgenau die Methoden und Wirkungen Ahrimans und Luzifers, für die weiland Goethe im Faust durch seine Kunstfigur Mephistopheles sagen lässt: „Lasst nur durch Blend- und Zauberwerke (Euch) von dem Lügengeist bestärken … denn (die Menschheit) schleppe ich (so) durch das wilde Leben … und (insbesondere) flache Unbedeutsamkeiten“ … (vornehmlich innerhalb ökonomischer Hamsterrad-Bereiche – wie ich aktualisierend ergänzen möchte).

Abschließend ist es mir ein besonderes Anliegen, mich bei der SPIEGEL Redakteurin Marianne Wellershoff für ihre ausgezeichnete Einleitungsüberarbeitung zu bedanken. Dasselbe gilt für deren sonstige Inhaltsergänzungen. Bedanken möchte ich mich ebenfalls bei dem Physik-/Philosophieprofessor Johannes Grebe-Ellis für dessen grundsätzliche Anregungen insbesondere auch zur Exposée-Abfassung.

Literatur

Akerma, A. (2021). Die Illusion von Wahrheit. Edition Buchkomplizen, Frankfurt/Main.

Allmendinger, J. (2022). Deutschland im Klimastress. In: K. Wiegandt (Hrsg.), 3 Grad mehr. Oekom, München.

Andree, M. (2023). Big Tech muss weg. Campus, Frankfurt.

Arendt, H. (1986). Elemente und Ursprünge totaler Herrschaft. Piper, München.

Bakunin, M. (1999). Ausgewählte Schriften, Bd. 4. Karin Kramer Verlag, Berlin.

Böckenförde, E. W. (2016). Freiheitssicherung gegenüber gesellschaftlicher Macht. In: Staat, Gesellschaft, Freiheit. Studien zur Staatstheorie. Frankfurt.

Bohmeyer, M., Cornelsen, C. (2019). Was würdest du tun? Wie uns das BGE verändert. Econ, Berlin.

Bong, J. (2022). Die Flamme der Freiheit. Die deutsche Revolution 1848/49. Kiepenheuer & Witsch.

Clerk, Ch. (2023). Frühling der Revolution – Europa 1848/49 und der Kampf für eine neue Welt. DVA, München.

B. Schloen, *Chaos als System*, https://doi.org/10.1007/978-3-658-50870-8

Figes, O. (2022). Eine Geschichte Russlands. Klett-Cotta, Stuttgart.

Fuchs, T. (2020). Verteidigung des Menschen. Suhrkamp, Berlin.

Gersman, G. (2012). Liberté, Egalité, Fraternité. In: Boer, Durchardt, Kreis, Schmale (Hrsg.), Das Haus Europa. Oldenburg.

Guardini, R. (1945). Das Ende der Neuzeit.

Grolle, J., Hecking, C. (15. Februar 2025). „Feldzug gegen Forschende". In: SPIEGEL Nr. 8 vom, S. 96 f.

Grom, B. (1995), Anthroposophie und Christentum: Eine kritisch-konstruktive Auseinandersetzung. In: Joachim Müller (Hrsg.), Weltanschauungen im Gespräch. Paulusverlag, Freiburg/Schweiz.

Grün, A. (2025). Falsche Götter, Kampf um die Demokratie, Klett-Cotta-Verlag

Haffner, S. (2018). Die Deutsche Revolution1918/19. Rowohlt, Reinbek/Hamburg.

Havel, V. (2018). Versuch, in der Wahrheit zu leben. Rowohlt, Reinbek.

Höcke, B. (2018). Nie zweimal in denselben Fluss. Björn Höcke im Gespräch mit Sebastian Henning. Manuscriptum.

Höppener, T., Piepenbrock, T. (2023). Digitale Werbung und das Google-Ökosystem, Deutscher Fachverlag, Frankfurt.

Klagermann, H., Ulrich, W. (2020). https://www.acatech.de/european-public-sphere.

Kowalczuk, S. (2024). Freiheitsschock. C.H. Beck, München.

Kraske, M., Laabs, D. (2024). Angriff auf Deutschland. C.H. Beck, München.

Kühn, H. (1978), Rudolf Steiners Kampf für die Gesellschaftsordnung der Zukunft. Philosophisch-anthroposophischer Verlag, Dornach.

Langewiesche, L. (1998). Demokratiebewegung und Revolution 1847 bis 1849. Internationale Aspekte und europäische Verbindungen. Braun-Verlag, Karlsruhe.

Landshut, S., Negt, O. (Hrsg.) (2004). Karl Marx. Die Frühschriften: Von 1837 bis zum „Manifest der Kommunistischen Partei" 1848. Kröner.

Lassalle, F. (1923). Auswahl von Reden und Schriften. J. H. Dietz.
Levitsky, S., Ziblatt, D. (2019). Wie Demokratien sterben. C. Bertelmann/Pantheon.
Linartas (2025). Unverdiente Ungleichheit. Rowohlt
Lippmann, W. (1920). Liberty and the News. Harcourt, Brace and Howe, New York.
Lochocki, T. (2025). Deutsche Interessen. Herder, Freiburg.
Lüders, Michael (2025), DRECKSARBEIT ?,Goldmann Verlag, München
Marx, K. (1971). Das Kapital – Kritik der politischen Ökonomie, Bände 1 bis 3. Dietz, Berlin.
Mau, S. (2024). Ungleich vereint, warum der Osten anders bleibt. Suhrkamp.
Mennekes, F. (2000). Beuys zu Christus – eine Position im Gespräch. Katholisches Bibelwerk, Stuttgart.
Münkler, H. (2025). Macht im Umbruch. Rowohlt, Berlin.
Polenz, R. (2024). Tu was! Kurze Anleitung zur Verteidigung der Demokratie. C.H. Beck, München.
Runciman, D. (2020). So endet die Demokratie. Campus.
Schloen, B. (2023). Zivilisationsrettung jetzt. Ein Manifest zum klimasolidarischen Grundeinkommen. Springer, Wiesbaden.
Schloen, B. (2021). Klimasolidarität durch Grundeinkommen. Oekom, München.
Schloen, B. (2024). Weltanschauungskämpfe, Klimasolidarität und Rettungsstrategien. Springer-Gabler, Wiesbaden.
Schloen, B. (2026). BGE ALS ERZÄHLUNG VON EINEM VERTEILUNGSGERECHTEN WIRTSCHAFTSSYSTEM, in: Politische Partizipation und bedingungsloses Grundeinkommen, Hrsg: Hartmann, Kaufmann, Neumärker, Sommer; erscheint im Littverlag 2026.
Schmelzer, A. (1991). Die Dreigliederungsbewegung 1919. Verlag Freies Geistesleben, Stuttgart.
Schneider, H. (1953). Das Ermächtigungsgesetz vom24. März 1933. In: Vierteljahreshefte für Zeitgeschichte, Heft 3.
Selg, P. (2021). Die Zukunft Ahrimans. Verlag am Goetheanum, Dornach.
Sen, A. (2007). Identität und Gewalt. C.H. Beck, München.

Skalar, S. (25.02.2025). Wir können uns nicht sicher sein, ob Trump im Zweifel Statistiken erfindet. Interview mit Rüdiger Bachmann, US-Ökonom. FuW. https://www.fuw.ch/ruediger-bachmann-wir-koennen-uns-nicht-sicher-sein-ob-trump-im-zweifel-statistiken-erfindet-959993209517. Zugegriffen: 2. März 2026

Snyder, T. (2024). Über Freiheit. C.H. Beck, München.

Solowjow, W. (1900). Kurze Erzählung vom Antichrist.

Steinberger, J. (12. Nov. 2024). From undermining democracy to destabilising the climate: a brief history of the neo-liberal Atlas Network. https://www.alliancemagazine.org/analysis/undermining-democracy-destabilising-climate/ Zugegriffen: 2. März 2026

Steiner, R. (1919). Die inneren Aspekte des sozialen Rätsels. Luziferische Vergangenheit und ahrimanische Zukunft. Rudolf Steiner Verlag, Dornach.

Steiner, R. (1922). Aufsätze über die Dreigliederung des sozialen Organismus und zur Zeitenlage 1915–21. Rudolf Steiner Verlag, Dornach.

Steiner, R. (1925). Weltsilvester und Neujahresgedanken. Rudolf Steiner Verlag, Dornach.

Steiner, R. (1904/1980). Theosophie. Rudolf Steiner Verlag, Dornach.

Steiner, R. (2003). Die Verantwortung des Menschen für die Weltentwicklung durch seinen Zusammenhang mit dem Erdplaneten und der Sternenwelt. Rudolf Steiner Verlag, Dornach.

Steiner, R. (2004). Perspektiven der Menschheitsentwicklung. Der materialistische Erkenntnisimpuls und die Aufgabe der Anthroposophie. Rudolf Steiner Verlag, Dornach.

Steiner, R. (o. J.a). Der Christus-Geist und seine Beziehung zur Bewusstseinsentwicklung. Die drei geistigen Stufen des Mysteriums von Golgatha. München.

Steiner, R. (o. J.b). Soziales Verständnis aus geisteswissenschaftlicher Erkenntnis. Die geistigen Hintergründe der sozialen Frage, Band 3. Rudolf Steiner Verlag, Dornach.

Straubhaar, T. (2021). Grundeinkommen jetzt. Schwabe, Basel.

Systenko, L. und T. (2016). Wladimir Solowjow in der Kontinuität philosophischen Denkens. Novalis.

Sylke Tempel, S., Freya von Moltke, F. von (2024). Biographisches, Rowohlt, Hamburg.

Treue, W., Mangold, K. H. (Hrsg.) (o. J.). Quellen zur Geschichte der industriellen Revolution. Muster-Schmidt.

Thierse, W. (2001). Zukunft Ost. Perspektiven für Ostdeutschland in der Mitte Europas. Rowohlt, Berlin.

Ulrich, B., Neubauer, L. (2021). Noch haben wir die Wahl. Klett Cotta.

Ulrich, B., Richter, H. (2024). Demokratie und Revolution. Wege aus der selbstverschuldeten ökologischen Unmündigkeit. Kiepenheuer & Wisch ,Köln.

Voegelin, E. (1938). Die politischen Religionen. Bermann-Fischer, Wien

Weiß, V. (2025). Das deutsche demokratische Reich. Klett-Cotta, Stuttgart.

Wiegandt, K. (2022). Warum es die Mobilisierung der Zivilgesellschaft braucht. In: K. Wiegandt, 3 Grad mehr. Oekom, München.

9783658508692